Interculturele belastbaarheidsbepaling

Interculturele belastbaarheidsbepaling

Een zoetwatervis is geen zoutwatervis

Ine Vink

Bohn Stafleu van Loghum
Houten 2009

© 2009 Bohn Stafleu van Loghum, onderdeel van Springer Uitgeverij
Alle rechten voorbehouden. Niets uit deze uitgave mag worden verveelvoudigd, opgeslagen in een geautomatiseerd gegevensbestand, of openbaar gemaakt, in enige vorm of op enige wijze, hetzij elektronisch, mechanisch, door fotokopieën of opnamen, hetzij op enige andere manier, zonder voorafgaande schriftelijke toestemming van de uitgever.

Voor zover het maken van kopieën uit deze uitgave is toegestaan op grond van artikel 16b Auteurswet 1912 j° het Besluit van 20 juni 1974, Stb. 351, zoals gewijzigd bij het Besluit van 23 augustus 1985, Stb. 471 en artikel 17 Auteurswet 1912, dient men de daarvoor wettelijk verschuldigde vergoedingen te voldoen aan de Stichting Reprorecht (Postbus 3051, 2130 KB Hoofddorp). Voor het overnemen van (een) gedeelte(n) uit deze uitgave in bloemlezingen, readers en andere compilatiewerken (artikel 16 Auteurswet 1912) dient men zich tot de uitgever te wenden.

Samensteller(s) en uitgever zijn zich volledig bewust van hun taak een betrouwbare uitgave te verzorgen. Niettemin kunnen zij geen aansprakelijkheid aanvaarden voor drukfouten en andere onjuistheden die eventueel in deze uitgave voorkomen.

Dit boek is ook verschenen als katern in het Handboek Arbeid en Belastbaarheid, Bohn Stafleu van Loghum, januari 2009

ISBN 978 90 313 6445 9
NUR 883, 747

Ontwerp omslag: Agraphics design, Apeldoorn
Ontwerp binnenwerk: Pre Press, Zeist
Automatische opmaak: Pre Press, Zeist

Inhoud

Een zoetwatervis is geen zoutwatervis
Arabisch spreekwoord

	Over de auteur	8
	Dankwoord	9
	Woord vooraf	10
	Interculturaliteit: van overtuiging tot eigenbelang	10
	Alexander Rinnooy Kan	
	Summary	12
	The challenge of an increasingly multicultural Dutch workforce	12
	Dr. A. Bloom	
	Samenvatting	15
1	**Inleiding**	17
1.1	Inhoud	19
1.2	Uitgangspunten	20
1.2.1	EU-richtlijnen	20
1.2.2	De Nederlandse cultuur	20
1.2.3	Mensbeeld	21
1.2.4	Behoeftehiërarchie: van Maslow en Pinto naar ubuntu	24
2	**Migratie**	28
2.1	Van gastarbeider tot kennismigrant	30
2.1.1	Gastarbeider	30
2.1.2	Transmigrant	34
2.1.3	Kennismigrant	35

2.2	Acculturatie	36
2.3	Interculturalisme	40
3	**Demografie**	**41**
3.1	Demografische ontwikkelingen in de Nederlandse samenleving	41
3.2	De tweede generatie	46
4	**Arbeidssituatie van migranten**	**52**
4.1	Arbeid in intercultureel perspectief	53
4.1.1	Opleiding en scholing	55
4.1.2	Uitval	56
4.1.3	Aanloop tot verzuim	57
4.2	Expatriats	59
4.3	Vluchtelingen	61
4.4	Werkloosheid	63
4.5	Solliciteren	63
5	**Gezondheid van migranten**	**66**
5.1	Migratiegebonden klachten	69
5.1.1	Migratie en trauma	71
5.1.2	Migratie en depressie	75
5.1.3	Migratie en zelfdoding	77
5.1.4	Migratie en schizofrenie	78
5.2	Gezondheid van vluchtelingen	81
5.3	Gezondheid en uitsluiting	82
5.3.1	Hoe functioneert de Nederlandse gezondheidszorg voor migranten?	84
5.3.2	Medicatiegebruik	85
5.4	Gezondheid en aansluiting	86
5.4.1	Sport en bewegen als onderdeel van een interdisciplinaire aanpak	87
5.4.2	Alternatieve geneeswijzen	87
6	**Belastbaarheid van migranten**	**89**
6.1	WAO/WIA	91
6.1.1	'De trein vertrekt zonder mij'	92
6.1.2	Vrouwen van Turkse en Marokkaanse afkomst	93
6.2	Verzuim	94
6.3	Testgebruik	97
6.4	Re-integratie	97
6.5	Interculturele coaching	100

7	**Interactie professional en werknemer**	102
7.1	De verborgen dimensie	102
7.2	De migrant als professional	103
7.3	Valkuilen in de communicatie	105
7.4	Werken met een tolk	112
7.5	Interculturele effectiviteit	113
7.6	Opleiding en deskundigheidsbevordering	116
8	**Toekomst**	117
8.1	Interdisciplinaire aanpak	117
8.2	Van psychosomatisch naar biopsychosociaal	118
8.3	'De' Nederlandse cultuur	121

Interviews 123
Arnold Fung Fen Chung, bedrijfsarts 123
Hossain Hashemi, bedrijfsarts 124
Turgut Hefti, arbeidsdeskundige 125
Kemal Inci, gz-psycholoog 126
Haider Mousawi, bedrijfskundige 129
Sanjida Rahman, arboarts 130

Literatuur 130

Definities en afkortingen 138
Definities 138
Lijst van afkortingen 140

Samenvattingen 142
Arabisch 142
Frans 143
Papiaments 145
Turks 146

Interculturele autobiografie 148

Over de auteur

Ine Vink is als gz-psycholoog en gedragstherapeut werkzaam bij Winnock Achmea, voorheen Rug Advies Centrum. Tevens werkzaam bij Illuminatus, instituut voor transculturele psychiatrie, psychotherapie en onderzoek. Oprichter en bestuurslid van de Sectie Interculturalisatie van het Nederlands Instituut van Psychologen. Lid van de Wetenschappelijke Adviesraad van de War Trauma Foundation en bestuurslid van HAP-Nederland (Humanitarian Assistance Program) van de Vereniging EMDR (Eye Movement Desensitization and Reprocessing). Voorzitter van de Stichting Algeheel Welzijn Anderstaligen (AWA). Wereldpraktijk in samenwerking met de Landelijke Vereniging Eerstelijnspsychologen (LVE).
Afgestudeerd op het onderwerp 'slaap' (UCLA; Sleep Clinic, Stanford Medical School, Palo Alto, California). Studeerde Noord-Afrikaans Arabisch (Sorbonne III, Parijs). In Algerije werkte zij voor het ministerie van Volksgezondheid en het ministerie van Sociale Zaken (1981-1990). Publicaties: 'Algerije: een vertraagde demografische transitie' (Demos 1990, 5, nr. 1); 'Tous les soins pour mon enfant', ENAL (1993).

Dankwoord

Graag dank ik eenieder die de moeite neemt dit boekje te lezen. Nog meer dank ik diegenen die de moeite nemen hun eigen professionele attitude onder de loep te nemen met als doel het aanscherpen van hun interculturele effectiviteit.

Een speciaal woord van dank aan de collega's die in deze uitgave aan het woord zijn.

Dank aan de cliënten, die in dit kader (anoniem) als casus gepresenteerd zijn. Ik bewonder hun moed en doorzettingsvermogen.

De vertalers van de samenvatting (Haider, Nicole en Janet; Hacène en Christine; Margriet en Scarlet; Sema en Ihsan) dank ik hartelijk voor hun spontane medewerking. Abby: in harmony with the universe. Annechien: je betrokkenheid is fantastisch.

Ook dank ik de personen die hebben bijgedragen aan het realiseren van dit manuscript:

- Hans Rohlof, transcultureel psychiater bij Centrum 45: tijdens onze studiereis in Marokko in november 2007 sprak je over het plan voor een intercultureel katern voor het *Handboek Arbeid en Belastbaarheid*. Ik dank je voor het feit dat je mij hebt voorgedragen aan de redactie.
- Han Willems, bijzonder hoogleraar sociale geneeskunde AMC/UvA en eindredacteur van het *Handboek Arbeid en Belastbaarheid*: onze gesprekken ervaar ik als inspirerend; dank voor je feedback en de mogelijkheid tot spiegeling. Onze Afrikaanse ervaringen gaven de gesprekken een extra dimensie: Ubuntu.

Woord vooraf

Interculturaliteit: van overtuiging tot eigenbelang

Interculturaliteit is een zegen voor Nederland. Deze opvatting wordt niet door iedereen gedeeld. Integendeel, de indruk bestaat dat het een probleem is. Terwijl het juist een kracht is waar mensen plezier van kunnen hebben. Omgaan met mensen uit verschillende culturen geeft creativiteit, talent, positieve energie en vooral inspiratie. Mensen uit verschillende culturen zijn bijzonder en zij kunnen een belangrijke bijdrage leveren aan Nederland.

Nederland staat al heel lang voor tolerantie en diversiteit; dat zien we tot eeuwen terug in de geschiedenis. Het is een mogelijkheid tot groei, een verrijking van cultuur en traditie.
We zijn nieuwsgierig naar andere culturen en staan open voor andere tradities, gebruiken en opvattingen. Niet alleen uit maatschappelijke overtuiging, maar ook gewoon uit eigenbelang. Het helpt de economie namelijk verder. Eigenlijk moeten we ondernemingen, overheden en organisaties elke keer aan het verleden herinneren als ze niet begrijpen waarom diversiteit zo belangrijk is.
Diversiteit op de werkvloer is zelfs van groot belang. Het komt de arbeidsmarkt en de concurrentiepositie van ondernemingen ten goede. Hun diensten en producten vinden zo aansluiting bij nieuwe klantgroepen. Migrante collega's zullen de weg vrijmaken voor andere talenten op de arbeidsmarkt. Ook stimuleren mensen van verschillende achtergronden elkaars creativiteit, verrijken ze elkaars ideeën en zien ze meer verschillende invalshoeken voor problemen. Zo'n bedrijf straalt openheid uit en geeft concreet invulling aan maatschappelijke betrokkenheid.
Mensen met een dubbele achtergrond zouden dus felbegeerd moeten zijn. In het perspectief van globalisering zijn zij bovendien dubbel interessant. Globalisering is een proces waarin de wereld geleidelijk zijn formele grenzen verkleint. Voor mij staat vast dat globalisering in

het algemeen de welvaart verhoogt. Collectief wordt de wereld er beter van. Migranten beschikken over kennis van andere delen van onze 'global village'. Kennis die ons begrip voor anderen kan vergroten. Kennis die onze economie van nut kan zijn. Relaties met andere landen en markten hebben geleid tot een substantiële groei van de werkgelegenheid in Nederland. Rotterdam als doorvoerhaven voor China naar Europa – dat heeft enorm veel banen opgeleverd.

Het gaat nu niet goed met de economie en steeds meer mensen dreigen werkloos te worden of anderszins aan de kant te komen staan. We weten dat werk belangrijk is voor mensen. Met werken kun je zelf een inkomen verdienen, je talenten ontwikkelen, meedoen in de samenleving. Meedoen in onze samenleving is voor niet-westerse migranten extra belangrijk. Ze leveren een gewaardeerde bijdrage aan het nieuwe gastland, ze voelen zich geaccepteerd, ze weten zich gewenst. We onderschatten nog te vaak wat dit voor iemand betekent. Het hebben van werk is een belangrijk bindmiddel in de samenleving. Kort gezegd: werken is participatie en participatie is integratie.

Voor ware interculturaliteit is een eerste stap dat werkgevers en werknemers zich realiseren dat iedereen – bewust of onbewust – delen van zijn eigen cultuur meeneemt naar het werk. Soms ontstaan hierdoor misverstanden, vaak uit onbegrip, vaak uit vooroordelen geboren, uit niet-weten.

Daadwerkelijk onderling kennismaken en contact kunnen deze misverstanden wegnemen en voorkomen. Uit onderzoek blijkt bijvoorbeeld dat werkgevers die migrante werknemers in dienst hebben, een veel positiever beeld hebben van de inzetbaarheid en productiviteit van migrante werkzoekenden dan werkgevers die nog géén migranten in dienst hebben. Wederzijdse verdraagzaamheid en het respecteren van culturele en religieuze overtuigingen zijn van groot belang voor integratie in de samenleving en voor sociale cohesie.
Een initiatief als dit nodigt mensen uit daarbij stil te staan. Begrip voor elkaar begint met nieuwsgierig zijn naar elkaar vanuit de wetenschap dat we elkaar nodig hebben. Als bewoner van de 'global village', als Europeaan, als Nederlander, als werknemer, als collega, als mens.

Alexander Rinnooy Kan
Februari 2009

Summary

Dr. **Abby Bloom**, Adjunct Professor of Public Health, University of Sydney, Australia

The challenge of an increasingly multicultural Dutch workforce

The purpose of this booklet is to provide relevant and practical background to professionals and employers on features of the migration process and demographic changes occurring in Dutch society. The aim of this booklet is to better equip professionals and employers to address disability among employees who are migrants.

15% of Dutch workers today are migrants. Their background and their experience as migrants in the Netherlands understandably is having a significant impact on Dutch society. At the same time, Dutch society is experiencing major changes in the nature of work – in particular the shift to a knowledge-based workforce.

Managing productivity in an increasingly intercultural workforce:
The large and growing number of migrant employees in the workforce of the Netherlands has increased the importance of managing a multicultural workplace. Cultural diversity in the workplace has implications for the prevention of disability and injury and for managing the return to work of employees who are disabled or injured.

Employers will be accustomed to giving consideration to employees' cultural backgrounds in the context of their organization's aims and culture. Employers will already have an awareness that cultural background influences concepts and perceptions of illness, disability, pain and incapacity. They will know, from experience, that employees from different backgrounds have different illness experiences, and vary in their reactions to, and recovery from, disability and injury.

Adopting an intercultural perspective and harnessing appropriate professional skills:
By extension, the guidance of absentee and unproductive employees will also need to be considered and addressed within an intercultural

context if employers' programs and actions are to be effective. Inclusion of professionals skilled in intercultural employment dynamics can provide better results for employers and for the affected employee. Professionals trained in various disciplines, including psychology, psychiatry and social work, are experienced in providing intercultural guidance and advice to employers, and in critical aspects of return to work intervention programs.

For example, professionals familiar with the cultural perceptions and experiences of migrants can aid employers to overcome inherent difficulties in the assessment of post-rehabilitation or post-injury capacity and performance expectations and goals.

Addressing the different experiences with effective interventions:
The experience of disabled migrant workers, and, in particular, their capacity to adjust to their employment prospects later, will differ from the experience and outcomes of native employees facing the same challenges. The situation of individuals will always differ depending on their origins and prior individual experience. Migrants, however, are more often in poorer health than the average native Dutch person. The current healthcare system does not always satisfy migrants' expectations and specific problems. Many migrants suffer trauma, depression and other psychological problems, including suicidal thoughts and schizophrenia.

This background influences the client's (employee's) perception of their work capacity, and may make them prone to seeing themselves as destined to endure more difficult life circumstances than may in fact be possible with appropriate support and assistance.

The professional's responsibility is in the first instance to normalize the migrant's capacity to accept and handle responsibility for their recovery and return to work, so that they will be able to continue participating in the labor force in spite of their problems. The determination of working capacity is, however, not exclusively medical but also involves other factors. Its assessment and treatment are therefore also logically interdisciplinary. To effectively assess working capacity, the professional needs sufficient intercultural knowledge. The intercultural assessment of working capacity is a challenge for many professionals, who increasingly may be migrants themselves.

Effectively addressing migrants' needs is good for business:
In an intercultural and interdisciplinary setting improved communication between professionals and clients will improve outcomes for business and for employees. The process of recovering from disability will become more efficient, effective and compassionate and thereby benefit both client and employer. Moreover, both clients (employees)

and professionals have a right to better outcomes and efficiency. The Netherlands will for the foreseeable future remain an environment in which trained workers are in demand, and migrants will continue to constitute a large part of Dutch society. Effectively addressing the needs of migrant clients is not only a right: it is a necessity in a modern, economically competitive and intercultural society.

Samenvatting

Belastbaarheidbepaling in interculturele context wordt in de toekomst steeds belangrijker.
Door het groeiende aantal migrantenwerknemers zullen interculturele aspecten op de werkvloer meer aandacht vragen. Ook bij de begeleiding van verzuimende werknemers zal interculturaliteit een belangrijk aandachtspunt zijn. Professionals van verschillende disciplines zullen regelmatig betrokken zijn bij interculturele begeleiding en adviezen. Deze extra dimensie maakt een belastbaarheidsbepaling soms complex.
Bij belastbaarheidsbepaling in interculturele context wordt uitgegaan van het individu in zijn *nieuwe* omgeving. Migratie en acculturatie zijn van invloed op het functioneren van de migrant in brede zin. In deze uitgave worden migratieprocessen beschreven evenals de demografische ontwikkelingen in de Nederlandse samenleving. Migranten ten gevolge van dekolonisatie, gastarbeid en het ontstaan van de kennismigrant en pendelaar, maken deel uit van de samenleving en komen ook in de spreekkamer.
De arbeidssituatie van migranten is – als groep en per individu – verschillend van die van autochtone werknemers en deels afhankelijk van hun origine en toekomstperspectief. Hun gezondheidssituatie laat vaker te wensen over dan die van de gemiddelde autochtone Nederlander. De huidige gezondheidszorg sluit niet altijd voldoende aan bij de verwachtingen van migranten en bij hun specifieke problemen zoals somatisatie door traumatisering en depressie. Dit bepaalt mede de eigen perceptie van de belastbaarheid van migrantencliënten, die zich vaak gesteld zien voor een moeilijker leefsituatie. De vraag aan de professional is in eerste instantie het normaliseren van de belastbaarheid van migranten, zodat zij zo veel mogelijk kunnen blijven deelnemen aan het arbeidsproces. Om dit te bereiken heeft de professional meer kennis nodig ten aanzien van interculturaliteit.
Belastbaarheidbepaling is echter niet uitsluitend een medisch gebeuren maar een interdisciplinaire aangelegenheid. Interculturele belast-

baarheidsbepaling is een uitdaging voor vele professionals, die overigens steeds vaker zelf ook migrant zijn. In een interculturele en interdisciplinaire setting wordt de communicatie tussen professional en cliënt effectiever. Cliënt en professional hebben hier beiden recht op en de interculturele samenleving is hier het beste bij gebaat.

1 Inleiding

Ongeveer 15% van de werknemers op de Nederlandse werkvloer heeft momenteel een niet-Nederlandse achtergrond. Dit percentage zal de komende decennia naar verwachting stijgen tot 30. In de praktijk betekent dit dat een verschil in cultuur bij belastbaarheidsbepaling steeds vaker aan de orde zal zijn.

De titel van deze uitgave – Interculturaliteit – is gekozen om de relatie tussen de professional en werknemer in de spreekkamer centraal te stellen: een interactie waarbij verschil in cultuur een rol speelt. Men kan zich de volgende vragen stellen:
- Wat is het belang van interculturele aspecten bij belastbaarheidsbepaling in de praktijk?
- Beïnvloedt een cultuurverschil tussen een professional en een cliënt de bepaling van belastbaarheid? Welke problemen kan een bedrijfs- of verzekeringsarts tegenkomen in een dergelijke situatie?
- Hoe kan een interculturele belastbaarheidsbepaling in de toekomst verbeteren?

Interculturaliteit maakt belastbaarheidsbepaling niet eenvoudiger – integendeel – zodat het van belang is om in deze uitgave expliciet aandacht te besteden aan dit ingewikkelde onderwerp. Interculturaliteit betreft iedere situatie die wordt aangegaan door individuen met verschillende gewoonten, regels en referentiekaders. Het voorvoegsel 'inter' (Lat.) betekent 'tussen' en is wezenlijk anders dan het voorvoegsel 'multi' (Lat.), dat staat voor 'verschillende'. Mensen kunnen een verschillende cultuur hebben, maar het is hun *interactie* die van belang is en de focus is van dit schrijven. Ter vergelijking: in een ziekenhuis wordt multidisciplinair gewerkt, maar pas als mensen doelgericht samenwerken, kan men spreken van een interdisciplinaire setting.

In interculturele situaties ontmoet 'ik' de 'Ander' (l'Autre in de Franse literatuur). Op macroniveau gaat het om 'wij' en 'zij': een proces dat kan ontsporen zoals de geschiedenis ons leert. De sociologen noemen dit proces van polarisatie 'Othering': een ander tot de Ander maken. Het woord 'cultura' komt uit het Latijn en heeft de volgende betekenissen: verzorging, (land)bebouwing, vorming en veredeling. Deze etymologische betekenis geeft aan dat cultuur niet is aangeboren, maar altijd aangeleerd door anderen. Het begrip cultuur heeft tegenwoordig een brede toepassing: iemand uit de provincie Groningen heeft een cultuur die weer anders is dan die van iemand uit de grachtengordel. Zo ook heeft ieder bedrijf zijn specifieke (bedrijfs)cultuur. Het begrip cultuur wordt hier gehanteerd als een amalgaam van gewoonten, regels, waarden en normen, waarmee iemand zich identificeert. Cultuur is een collectieve programmering, die een groep onderscheidt van een andere (Hofstede, 2002): kennissystemen en vaardigheden, die wij krijgen overgedragen in onze jeugd en die in grote lijnen ons gedrag blijven bepalen op latere leeftijd. Omdat cultuur is aangeleerd, hangt deze altijd samen met contexten en referentiekaders en beïnvloedt zodoende de communicatie.

Dit boekje richt zich met name op de situatie van migranten, die de Nederlandse taal onvoldoende beheersen, een grote sociaal-culturele afstand hebben tot de Nederlandse cultuur en soms een lager opleidingsniveau. Volgens het woordenboek van de Nederlandse Taal (Van Dale) is een migrant: iemand die verhuist naar een andere streek of land. Deze definitie houdt dus in dat zowel vluchtelingen als expatriats migranten zijn.

We richten ons in dit kader niet alleen op de eerstegeneratiemigranten, zij die de eerste stap zetten, maar ook op hun nakomelingen, de tussengeneratie – degenen die als kind naar Nederland zijn gekomen – en de tweede en derde generatie. Deze groeiende groep mensen is zeer divers. Dit geldt ook voor de redenen waarom hun (groot)ouders naar Nederland kwamen. Mensen uit de tussengeneratie en de tweede en derde generatie hebben niet zelf gekozen voor verblijf in Nederland, omdat zij geboren zijn uit migrantenouders. Overigens kan men ook bij de eerstegeneratiemigranten de vraag stellen in hoeverre sprake is van een vrijwillige keuze wanneer men wegvlucht voor armoede of oorlog.

De expatriats vormen in dit opzicht een bijzondere groep, omdat zij als autochtoon Nederlander ook migratie en acculturatie kennen – zij het op tijdelijke basis – zowel in hun nieuwe land bij emigratie, maar vooral bij remigratie naar Nederland.

Deze uitgave beoogt verdieping te geven op het gebied van migratie en acculturatie en de effecten hiervan op gezondheidsbeleving en belastbaarheid voor arbeid. Cultuurverschillen houden de gemoederen al jaren bezig. Omdat dit onderwerp steeds beter bespreekbaar wordt, kunnen oplossingen worden gecreëerd. Op deze manier kunnen in de toekomst voorstellen ten behoeve van een betere belastbaarheidsbepaling vertaald worden naar de dagelijkse praktijk. Meer kennis over de achtergronden van migratie en bespreking van bekende valkuilen maken mogelijk de blinde vlek van de professional kleiner.

1.1 Inhoud

Dit boekje gaat dieper in op de interculturele aspecten die van belang zijn bij belastbaarheidsbepaling en die een rol spelen wanneer de professional en/of de cliënt uit een andere, veelal niet-westerse cultuur afkomstig is. In de praktijk is in de meeste gevallen de cliënt van niet-westerse komaf, maar steeds vaker is ook de professional afkomstig uit een niet-westerse cultuur. Dit laatste gegeven komt aan de orde in hoofdstuk 7, maar het is niet de focus van deze uitgave.
In dit eerste hoofdstuk wordt een aantal uitgangspunten geformuleerd van waaruit dit onderwerp wordt gepresenteerd. De begrippen migratie en acculturatie in het algemeen worden toegelicht in hoofdstuk 2. Vervolgens wordt informatie gegeven over de demografische ontwikkelingen in Nederland. De tweede generatie staat centraal met oog op de toekomstige maatschappelijke ontwikkelingen (hoofdstuk 3).
Hoofdstuk 4 gaat in op de specifieke aspecten van de arbeidssituatie van migranten. De situatie van expatriats en vluchtelingen wordt hierbij meegenomen. De gezondheidssituatie van migranten komt in hoofdstuk 5 ruim aan bod. Het functioneren van de Nederlandse gezondheidszorg ten aanzien van migranten staat centraal. Migratiegebonden klachten gerelateerd aan trauma, depressie, zelfdoding en schizofrenie worden toegelicht. Medicatiegebruik en alternatieve geneeswijzen krijgen aandacht. Hoofdstuk 6 behandelt de belastbaarheid van migranten in arbeidssituaties: verzuim en met name de mogelijkheden tot re-integratie zijn van belang voor de interactie professional-migrantencliënt in hoofdstuk 7. Hierin wordt het verbeteren van de interculturele effectiviteit van de professional toegelicht. Aanbevelingen met het oog op de toekomstige ontwikkelingen bij interculturele belastbaarheidsbepaling komen aan de orde in hoofdstuk 8. Dit hangt samen met de voorstellen voor verandering van de arbeidssituatie van migranten in Nederland.
Ten slotte komt een aantal professionals vanuit intercultureel en interdisciplinair perspectief aan het woord over het onderwerp 'interculturele belastbaarheidsbepaling'.
Literatuurreferenties zijn aansluitend vermeld en zijn zeer divers.

1.2 Uitgangspunten

De uitgangspunten van dit boekje zijn de volgende:
- beginsel van gelijke behandeling naar EU-richtlijnen;
- Nederlandse cultuur in internationaal perspectief;
- mensbeeld: de migrant als individu in zijn nieuwe omgeving;
- behoeftehiërarchie: vanuit universeel en pluralistisch perspectief met het oog op de mondiale toekomst: ubuntu.

1.2.1 EU-RICHTLIJNEN

> Onverminderd de andere bepalingen van dit Verdrag, kan de Raad, binnen de grenzen van de door dit verdrag aan de Gemeenschap verleende bevoegdheden, met eenparigheid van stemmen, op voorstel van de Commissie en na raadpleging van het Europees parlement, passende maatregelen nemen om discriminatie op grond van geslacht, ras of etnische afstamming, godsdienst of overtuiging, handicap, leeftijd of seksuele geaardheid te bestrijden.
>
> *Artikel 13, eerste lid, EG-verdrag*

Op grond van artikel 13 van het EG-verdrag heeft de Europese Raad in 2000 vier richtlijnen aangenomen om het beginsel van gelijke behandeling te implementeren en om discriminatie op grond van etnische afkomst, geslacht, godsdienst, ideologie, beperking en seksuele geaardheid te voorkomen.
Deze richtlijnen moeten door de EU-lidstaten worden omgezet in nationale wetgeving.
In Nederland werd in 1994 de Algemene Wet Gelijke Behandeling (AWGB) van kracht. Deze wet verbiedt discriminatie op grond van onder andere ras en nationaliteit op diverse terreinen.
De Commissie Gelijke Behandeling (CGB) is het landelijk orgaan dat verantwoordelijk is voor de naleving van deze wet (www.cgb.nl).

1.2.2 DE NEDERLANDSE CULTUUR

Een nog steeds belangrijke internationale en wetenschappelijke studie op het gebied van cultuurverschillen in de wereld is die van Hofstede (2002), die een aantal cultuurdimensies heeft geformuleerd. Dit is een globale omschrijving waarbij het gaat om de vergelijking van grote groepen mensen. Een cultuurdimensie is een aspect van waaruit een

cultuur kan worden vergeleken met ditzelfde aspect in andere culturen zoals:
- machtsafstand: de mate van (on)gelijkheid binnen een samenleving;
- onzekerheidsvermijding: de behoefte aan zekerheid;
- individualisme versus collectivisme: de hechtheid van de banden tussen het individu en verschillende groep(en), zoals familie;
- masculiniteit versus feminiteit: de sociale rollen van de seksen.

De kenmerken van de Nederlandse cultuur komen uit deze studie als volgt naar voren:
- een matige machtsafstand: hiërarchische verhoudingen zijn niet erg sterk: 'doe maar gewoon ...';
- een matige onzekerheidsvermijding: geen al te grote behoefte aan regelgeving;
- een hoge mate van individualisme: we gaan onze eigen gang en familiebanden zijn niet heel sterk;
- een hoge mate van feminiteit: we zijn sterk gericht op solidariteit en de rolverdeling tussen de seksen is niet erg strikt. Goede collegiale verhoudingen staan hoog in het vaandel en zijn belangrijker dan carrière maken. Samen werken is belangrijker dan winnen: de zogenaamde 'zesjescultuur' verwijst ook naar een weinig agressieve instelling.

1.2.3 MENSBEELD

Wanneer de professional in gesprek gaat met een cliënt bij wie in medische zin duidelijk sprake is van 'ziekte of gebrek', zal de belastbaarheidsbepaling niet veel problemen opleveren. De medische dossiers zullen ook al duidelijk maken in hoeverre de betrokken cliënt in de toekomst belastbaar is.

> Bij de professor komen moeilijke mensen op spreekuur met onbegrepen neurologische klachten. Ze hebben stapels foto's bij zich waarop meestal geen afwijkingen te zien zijn. Waarom moet ik dit kruis dragen, dacht ik in het begin. Maar op den duur vond ik het boeiend. Je voedt jezelf een beetje op in depressies, angststoornissen en persoonlijkheidsstoornissen. Er is nog steeds geen onderwijscurriculum depressie en angststoornissen voor toekomstige specialisten, terwijl veel mensen deze problemen hebben. De psyche is een ongrijpbare hersenactiviteit, voorlopig

> ongrijpbaar. We zien hier het falen van de orgaangeneeskunde, die vanaf de achttiende eeuw overheerst. Onderzoekers gingen lichamen van overledenen openen en daar zagen ze nergens de geest. Iedereen wijst naar Descartes, maar wat hij schrijft over de scheiding van geest en lichaam deed hij waarschijnlijk om de katholieke kerk niet tegen zich in het harnas te jagen.
>
> Uit: *Afscheidsrede prof. dr. Jan van Gijn, hoogleraar neurologie, juni 2007*

Echter, in veel gevallen is de situatie vanuit medische optiek minder eenvoudig. 'Niet objectiveerbaar', 'onbegrepen' of 'vaag' zijn kwalificaties voor klachten van cliënten, waar professionals zich met grote regelmaat voor gesteld zien. Dit type klachten wordt over het algemeen als lastig ervaren. Klachten zoals pijn en vermoeidheid trekken een wissel op belastbaarheid en bieden niet altijd een duidelijk perspectief op herstel en verbetering van belastbaarheid. Cliënten op hun beurt krijgen de indruk dat deze klachten onvoldoende serieus worden genomen, zodat het vertrouwen in de professional onder druk komt te staan.

Analyse van dit type klachten vanuit uitsluitend medisch perspectief is dan ook niet mogelijk. Moeilijker wordt deze analyse wanneer hieruit een uitspraak over belastbaarheid moet voortkomen. Nog ingewikkelder wordt de analyse wanneer ook nog een cultuurverschil tussen de cliënt en professional bestaat, dat wil zeggen wanneer interculturaliteit aan de orde is.

Individu
Klachten die worden omschreven als 'vaag' en 'niet objectiveerbaar' bevestigen dat de befaamde Cartesiaanse tweedeling 'de mens als zijnde een lichaam EN geest' achterhaald is. Deze zeventiende-eeuwse dichotome visie op de mens heeft ons westerse denken en gezondheidstelsel zeer diepgaand beïnvloed tot op de dag van vandaag.

De mens als een optelsom van lichaam EN geest? Het woord 'individu' (in-dividu: het voorvoegsel 'in' is een ontkenning; 'dividu' komt van het Franse werkwoord 'diviser'; het Engelse 'to divide') is afkomstig uit het Latijn en de etymologische betekenis is on(op)deelbaar. Voor de Romeinen aan het begin van onze jaartelling was het gangbare mensbeeld blijkbaar: een mens als zijnde EEN geheel.

Toch strijden wetenschappers nog vele eeuwen later over het mensbeeld. Jaquet beschrijft in haar filosofische pamflet 'De Eenheid van

Geest en Lichaam' het gelijk van Spinoza tegen het ongelijk van Descartes (Jaquet, 2004).
Een studie van het Trimbos-instituut spreekt van een 'diepe kloof tussen de geestelijke en lichamelijke zorg' (Huyse, 2007). Dit kan leiden tot problemen wanneer bijvoorbeeld sprake is van co-morbiditeit. Co-morbiditeit kan namelijk gevaarlijk worden als de zorg die niet of te laat onderkent en hier niet alert genoeg bij aansluit: zo hebben diabetici en hartpatiënten met een depressie tweemaal zoveel kans op overlijden als degenen zonder een depressie. Hoe dat precies komt weten we niet, maar het maakt de noodzaak tot betere zorg en onderzoek urgent. Betere c.q. interdisciplinaire zorg voor mensen met verschillende 'soorten' gezondheidsproblemen tegelijkertijd is voor alle betrokkenen van belang. Voor de financiering van de zorg kan een bredere aanpak een grotere kosteneffectiviteit opleveren.
In de gezondheidszorg komt langzaam maar zeker een verandering op gang in deze dichotome visie op de mens, omdat steeds meer professionals vanuit verschillende disciplines beseffen dat deze visie oplossingen belemmert. In de geneeskunde wordt bijvoorbeeld gesproken over pillen OF praten als remedie voor een depressie (met uitzondering van 'major depression'). Het is echter zeer de vraag of pillen EN praten voldoende zijn. Ook het belang van sport en bewegen wordt in steeds bredere kring onderkend. Lichaamsgericht werken bij cliënten met 'niet objectiveerbare' klachten wordt ook steeds meer als een van de oplossingen gezien. Verzekeraars stemmen hun informatie en maatregelen hier snel op af door bijvoorbeeld groepjes 'nordic walking' te organiseren.

Omgeving
Zoals het Arabische spreekwoord 'een zoetwatervis is geen zoutwatervis' aangeeft, kunnen we niet uitgaan van het individu (de 'vis') zonder daarbij zijn omgeving (het 'zwemwater') te betrekken.
Dat de omgeving van het individu altijd van groot belang is voor diens welbevinden kwam in wetenschappelijke zin reeds naar voren door de onderzoeken naar stress in de jaren zestig van de vorige eeuw (Holmes & Rahe, 1967). Het woord 'stress', niets anders dan het Engelse woord voor 'spanning', wordt vaak in negatieve context gebruikt. Stress of spanning leidt tot tal van fysiologische veranderingen ('arousal'), die in principe weer normaliseren na korte tijd. Te lang te veel stress moeten verdragen (roofbouw plegen) kan uiteindelijk leiden tot klachten zoals slaapproblemen, vermoeidheid en tal van andere klachten op het gebied van welzijn en gezondheid.
Omgaan met stress is een buitengewoon ingewikkeld proces, waarbij

een individu signalen vanuit zijn omgeving waarneemt (bijvoorbeeld de waarneming 'ik zie de trein wegrijden'). Aan deze observatie wordt een bepaald gewicht toegekend, een interpretatie van het gebeuren, als gevolg van de situatie en bepaald door de levenservaringen van een bepaald individu. Het voorbeeld 'ik zie de trein wegrijden' is een observatie, die pas gewicht krijgt als 'ik' die trein had willen nemen met als doel op tijd te zijn voor een belangrijke afspraak. Of 'ik zie een bepaald persoon (observatie), met wie ik in het verleden onaangename ervaringen heb gehad' (een in het geheugen opgeslagen ervaring, die onmiddellijk wordt opgeroepen bij het zien van deze persoon, hetgeen leidt tot een bepaalde interpretatie en 'arousal'). Deze observaties, die in verband staan met de hele levenscontext van een persoon, kunnen van invloed zijn op diens welbevinden en als gevolg hiervan diens gedragingen bepalen.

Ook al verblijft een individu in eenzelfde culturele context (hetzelfde 'zwemwater'), stress met fysiologische en emotionele reacties als gevolg is aan de orde van de dag en een herkenbare ervaring voor iedereen.

Bij migranten (zij die in 'ander zwemwater zijn gaan rondzwemmen') is de omgeving (het externe kader) verschillend geworden van het interne kader van het individu (gewoonten, opvoeding, levenservaringen) door de totaal veranderde, nieuwe context. Door de migratie is van een evenwicht tussen dit externe en interne kader de facto niet langer sprake. Dit gebrek aan balans is moeilijk op te vangen en leidt op termijn vaak tot klachten.

Ergo, het in dit boekje gehanteerde mensbeeld is het individu in zijn nieuwe omgeving.

1.2.4 BEHOEFTEHIËRARCHIE: VAN MASLOW EN PINTO NAAR UBUNTU[1]

Abraham Maslow (1907-1970) is een van de bekendste vertegenwoordigers van de humanistische psychologie. Deze stroming benadert de universele mens vanuit zijn oneindig potentieel aan mogelijkheden. Zelfverwerkelijking is in deze stroming de kern van het mens-zijn. Het ligt in de natuur van de mens om zijn mogelijkheden en talenten tot volle ontplooiing te brengen, bijvoorbeeld op sociaal of maatschappelijk gebied. Dit wordt weergegeven in een piramide en is een belangrijk beschrijvend model en theorie over de verschillende motieven,

---

1 Ubuntu: uitgesproken als oe-BOEN-toe, is een ideologie uit Sub-Sahara Afrika, die draait om toewijding en relaties tussen mensen onderling. Het woord komt voor in de Bantoetalen en wordt gezien als een traditioneel Afrikaans concept.

die menselijk handelen bepalen. De innerlijke behoeften vormen volgens Maslow altijd de drijfveer voor een bepaald handelen van de universele mens, ongeacht uit welke cultuur deze afkomstig is. De onderste vier lagen in deze piramide gaan uit van het opheffen van tekortkomingen ('deficiency needs'): allereerst de primaire behoeften, vervolgens veiligheid, acceptatie en erkenning. De hoogste laag – de top van de piramide – betreft de persoonlijke groei en zelfontwikkeling. In deze hiërarchie dient in de genoemde volgorde allereerst aan de behoeften van de onderste lagen te worden voldaan, voordat het individu aan zelfontplooiing toekomt.

Deze universele visie van Maslow wordt door Pinto (2000) als onvolledig gezien: hij hanteert een pluralistische visie en gaat uit van cultuurverschillen. Hij stelt een alternatieve piramide voor en maakt onderscheid tussen grofmazige (G-) en fijnmazige (F-)culturen. De essentie van deze cultuurvisie is gelegen in de communicatieregels en omgangscodes.

In grofmazige (individualistische) G-culturen gelden ruimere, lossere en globalere regels. Het individu gaat vóór alles. In fijnmazige (collectieve) F-culturen zijn de regels gedetailleerd en strak bepaald. In de F-cultuur is de collectieve identiteit (de groep) belangrijker dan het individu.

Dit heeft verstrekkende gevolgen voor het gedrag van mensen, die volgens de G- of F-cultuur zijn opgegroeid: in een collectieve F-cultuur ontwikkelt zich een extern referentiekader voor goed en kwaad in plaats van het interne referentiekader in een individualistische G-cultuur. De F-cultuur legt de nadruk meer op relatie en vorm en het hoogste streven is 'eer' in plaats van zelfontplooiing, het hoogste streven in de G-cultuur.

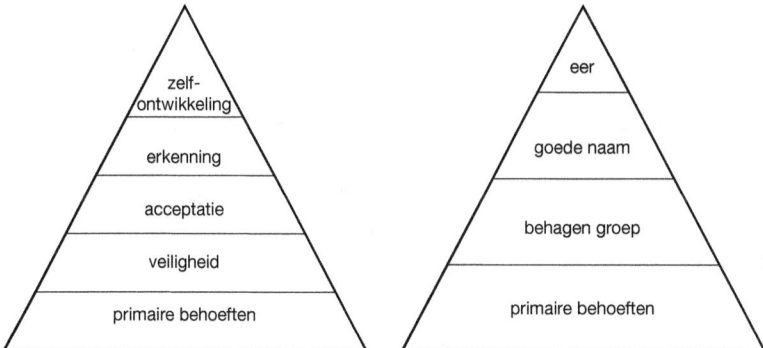

Figuur 1 Piramides van Maslow (links) en Pinto (rechts)

Nu het 'IK-tijdperk' lijkt te zijn doorgeslagen, maakt de piramide van Maslow een verouderde indruk: na 'overleven' (onderste laag), kan men 'leven' (tussenlagen) om te streven naar het hoogste doel: 'beleven' (zelfontwikkeling). Deze vorm van individualisme, of in meer extreme vorm narcisme, leidt niet in alle opzichten tot een beter functionerende samenleving. Het levensmotto 'the sky is the limit' is vermoeiend en niet voor iedereen weggelegd. Sinds de neergang van het kerkelijk gebeuren is hulp aan het individu in deze 'moet kunnen'-samenleving vertaald in psychotherapie en uitbesteed aan de geestelijke gezondheidszorg. Deze gang van zaken beleven steeds meer mensen als zijnde existentieel leeg en zij zijn op zoek naar nieuwe, andere waarden. In een recent kwartaalbericht concludeert het Sociaal en Cultureel Planbureau (SCP, 2008) dat het meest genoemde probleem in Nederland gebrek aan respect en solidariteit is.

Voor veel immigranten is de piramide van Maslow niet eens van toepassing en te hoog gegrepen, omdat velen zeggen te lijden door het gebrek aan 'acceptatie' en 'erkenning' op verschillende niveaus in de samenleving. De piramide van Pinto is voor immigranten in de toekomst ook steeds minder nastrevenswaardig.

De globalisering vraagt immers noch om zelfontplooiing noch om eer als hoogste doel.

Het wordt steeds belangrijker over de hele wereld om goed met elkaar te kunnen samenleven ongeacht cultuur, levensvisie en leefwijze. Een essentiële toevoeging voor de toekomst van de globe is het begrip 'samenleven'.

De volgende vragen komen namelijk in sneltreinvaart op ons af: Hoe beschermen wij onze planeet tegen klimaatverandering? Hoe bestrijden wij armoede en besmettelijke ziekten? Hoe en volgens welke codes gaan wij handeldrijven? Grondstoffen verdelen? Oorlogen voorkomen? Al deze vragen vereisen wereldomvattende antwoorden en de primaire vraag is hoe te overleven. Daarvoor hebben we elkaar hard nodig, zodat samenleven een noodzakelijk doel wordt.

Het begrip 'ubuntu'[2] uit Sub-Sahara Afrika komt hierbij in beeld (Wikipedia), en een nieuw Nederlands woord afkomstig uit een Bantoetaal misstaat niet. Het ook in Afrika bekende woord 'apartheid' is nog steeds een Nederlands woord. Het begrip ubuntu benadrukt het belang van de groep: 'je bent wat je bent door anderen'; wij kunnen niet leven zonder anderen. Het 'oranjegevoel' wanneer Koning Voetbal regeert, gaat in deze richting.

---

2 Zie Definities.

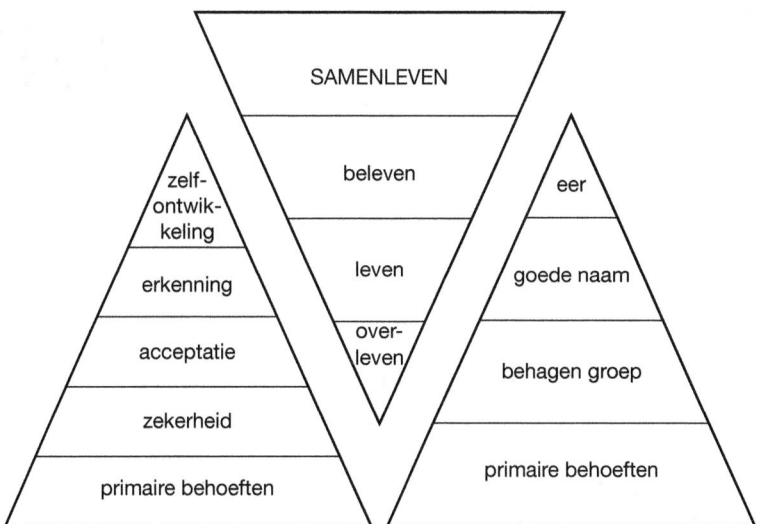

Figuur 2 *Ubuntu piramide*

Migratie 2

Migranten leven niet in het verleden, maar het verleden leeft in hen
Philips

Migratie is zo oud als de mensheid[3]. In 2005 migreerden 190 miljoen mensen, dat is 3% van de wereldbevolking. Eén op de 35 mensen over de hele wereld is vandaag de dag migrant. Alle landen ter wereld hebben nu te maken met migratie: als land van herkomst, doorvoerland of land van aankomst.
Het verschijnsel 'migratie' heeft diepgaande consequenties zowel voor het land van waaruit mensen vertrekken als voor het land van aankomst. Migratie is zelden een individuele actie na een individueel besluit. Migratie wordt beschouwd als een collectief gebeuren, dat vaak voortkomt uit sociale verandering (Castles & Miller, 2003).
Migratie is sinds ongeveer honderd jaar onderwerp van academisch onderzoek. Dit onderzoek begon in de Verenigde Staten, die zich begin twintigste eeuw gesteld zagen voor een enorme bevolkingstoestroom vanuit Europa. Honderd jaar later zijn de Verenigde Staten nog steeds het land met de meeste immigranten ter wereld.

> 'Het kost op het ogenblik de grootste moeite om op een fatsoenlijke manier uit dit land te vertrekken, en nog meer om in Holland te worden toegelaten voor zelfs een bezoekje van familie bij familie. Ik heb dagenlang, soms zelfs de halve nacht moeten posten bij het Hollandse consulaat om een visum voor een maand bezoek te krijgen voor ons alle drie. En dan nog wel met het vreselijkste gedoe van die witte ambtenaren'. 'Het zijn tenminste niet zulke schurken als die van ons', kwam Riesjes moeder

---

3 In de eerste geschreven bronnen wordt al melding gemaakt van reizen, verkenning en verovering.

> ertussen. 'Je hoeft ze niet voor een heleboel geld om te kopen, zoals die van ons.'
>
> Uit: 'Zomaar wat kinderen' van Albert Helman

Disciplines met als doel de bestudering van migratieprocessen zijn de sociologie, politicologie, geschiedenis, geografie, demografie, psychologie en de rechtswetenschappen.
Het is belangrijk om deze processen te bestuderen, om de structuur van een samenleving beter te begrijpen en te verbeteren naast de verbetering van de leefsituatie van migranten zelf.
In het algemeen is het ontstaan van etnische minderheden geen regeringsbesluit, maar een gevolg van beleid om mensen te werven. Dit geldt ook voor de Nederlandse situatie.
De gewoonten en leefpatronen van de verschillende etnische groepen zijn belangrijk om te bestuderen omdat de 'upward mobility' per groep verschilt. Zo beschrijft Sowell in *Ethnic America* (1981) per hoofdstuk de verschillende groepen immigranten die deel uitmaken van de huidige Amerikaanse samenleving, zoals de Japanners of Ieren. Dit proces verloopt niet voor elke groep immigranten op dezelfde wijze. Welk gedrag, welke waarden en normen van de etnische groepen in de Verenigde Staten leiden tot sociaaleconomisch succes zijn relevante onderzoeksvragen, ook voor Europa.
Ten gevolge van migratieprocessen ontstaan in het immigratieland de zogenaamde etnische minderheden, die zich uiteindelijk permanent vestigen en op verschillende manieren accultureren. Deze groepen mensen hebben vaak in enige mate een collectief waarden- en normenpatroon, dat door het ontvangende land als anders beleefd wordt. Daardoor worden zij beschouwd als de 'Ander' en gaan zij vaak een ondergeschikte positie ten opzichte van de dominante groep innemen.
Een methodologisch probleem bij onderzoek naar migrantengroepen is dat in veel gevallen eerste- en tweedegeneratiemigranten in de statistieken verdwijnen, waardoor veel bestaande culturele verschillen moeilijk meetbaar zijn (Seddik, 2008).
Integratie, zoals dit proces in Nederland is gaan heten, is een populair en controversieel onderwerp, dat leidt tot verhitte discussies. In alle lagen van de samenleving doen mensen hierover stellige uitspraken. Sommigen pleiten voor een volledige assimilatie, terwijl anderen van mening zijn dat migranten volledig gescheiden moeten blijven van de autochtone bevolking.

2.1 Van gastarbeider tot kennismigrant

Meer dan de helft van de Nederlandse bevolking is van mening dat migranten misbruik maken van uitkeringen. Dit beeld strookt niet met de feiten: weliswaar maken migranten meer gebruik van bijstand, uitkeringen en huursubsidies, maar niet meer dan autochtonen met hetzelfde kindertal, opleidingsniveau en inkomen. Omdat zij als groep jonger en dus gezonder zijn, doen zij in mindere mate een beroep op WAO/WIA en Ziektewet dan autochtonen. Daarnaast profiteren zij minder van overheidssubsidies voor hoger onderwijs, kunsten en hypotheekaftrek.

De vergrijzing van autochtoon Europa vereist een grote instroom van migranten om de komende decennia de vacatures op te vullen. De uitdaging voor Europa is niet zozeer de instroom van migranten, maar het verbeteren van hun opleiding en vaardigheden. Het is immers een feit dat de meest talentvolle migranten bij voorkeur naar de Verenigde Staten vertrekken. Het uitsluiten van migranten en de negatieve teneur in de media rondom deze groepen zijn schadelijk voor iedereen. Dit leidt tot illegale activiteiten in de breedste zin van het woord (Van der Ploeg, 2006).

> Mijn kinderen zijn goede voetballers. Ik zou het fijn vinden als een van hen professioneel het veld op gaat. Maar dat gaat niet vanzelf. Ze zullen er hard voor moeten werken. Dat heb ik door de jaren heen geleerd. Mijn vader leerde ons dat een immigrant twee keer zo hard moet werken als een ander.
>
> Zinedine Zidane, *Beste Voetballer ter Wereld*

2.1.1 GASTARBEIDER

De gastarbeider is in economische zin van groot mondiaal belang: tezamen brengen gastarbeiders jaarlijks 150 miljard US dollars naar hun land van herkomst. Dit bedrag is ongeveer zes keer groter dan wat alle rijke landen aan ontwikkelingssamenwerking uitgeven. Krijgen zij hiervoor al de erkenning als de meest effectieve ontwikkelingswerkers ter wereld?

De belangrijkste theoretische benaderingen op het gebied van migratie zijn momenteel de economische ontwikkelingstheorie, de historisch-structurele benadering en de migratiesysteemtheorie (Castles & Miller, 2003).

De klassieke economische ontwikkelingstheorie benadrukt de vroegere migratie van dicht bewoonde naar dunbevolkte gebieden, of van lagelonenlanden naar landen met een hoger inkomen.

De push- en pullfactoren sturen de migratiestromen. 'Push'factoren zijn demografische ontwikkeling, lage levensstandaard, gebrek aan economische ontwikkeling en politieke repressie in het land van herkomst. 'Pull'factoren hebben betrekking op de vraag naar arbeiders, beschikbaarheid van land, goede economische vooruitzichten en politieke vrijheid in het land van aankomst. Het centrale concept van deze theorie is menselijk kapitaal: mensen zijn bereid te migreren in de stellige verwachting dat zij hun levensstandaard zullen verhogen. Ook hoger opgeleide mensen emigreren, om betere kansen te krijgen op interessant werk met als gevolg een 'braindrain' in het land van herkomst, een ramp voor veel ontwikkelingslanden.

De meer recent ontwikkelde *historisch-structurele benadering* verklaart migratie als een vorm van mobilisatie van goedkope arbeidskrachten om de rijke landen nog rijker te maken. Deze benadering gaat uit van de ongelijke verdeling van economische en politieke macht in de wereldeconomie.

De goedkope Aziatische arbeidskrachten in het rijke Midden-Oosten gaan daar niet werken met het oog op permanente vestiging, maar leveren wel een belangrijke economische bijdrage aan deze landen.

De *migratiesysteemtheorie* benadert migratie vanuit interdisciplinair perspectief. De migratie wordt met name bepaald door vroegere banden tussen bepaalde gebieden in de wereld zoals de migratie voortkomend uit kolonisatie en gastarbeid. De migratie wordt vanuit deze benadering bestudeerd op zowel macro-, meso- als microniveau.

Klassiek: een familie (*microniveau*) besluit te gaan migreren: één voor één vertrekken zij en op deze wijze ontstaan sociale netwerken (*mesoniveau*), die elkaar van dienst zijn bij de migratie en in het nieuwe land. In Dordrecht bijvoorbeeld, maar ook in andere Nederlandse steden, zijn op deze wijze wijken ontstaan (*macroniveau*), die hoofdzakelijk bewoond worden door mensen afkomstig uit één bepaald dorp of gebied, in dit voorbeeld uit Midden-Anatolië in Turkije.

Uit onderzoek is naar voren gekomen dat hoe langer een migrant in een gastland verblijft, hoe moeilijker aanpassing wordt (Kao & Tienda, 1995). Deze wetenschappelijke bevinding gaat in tegen het alledaagse idee dat bij emigratie vooral het begin moeilijk zou zijn: 'na een tijdje went het wel' is de achterliggende gedachte. Dit blijkt dus niet zo te zijn en vooral 50-plussers krijgen het moeilijk. De vis afkomstig uit het zoete water vindt aanvankelijk het zoute water prettig, maar na een tijd gaat dit water tegenstaan. Teruggaan naar het zoete water is veelal onmogelijk en als remigratie plaatsvindt, ontstaat het gemis van het zoute water.

In de migrantengroepen zien we hoe vele jaren hard werken uiteindelijk hebben geleid tot de WAO/WIA. De eer binnen de eigen groep is misschien gered door het label 'arbeidsongeschikt', maar alle omstanders is duidelijk dat het een mislukte migratie betreft. De droom van terugkeer naar het land van herkomst is steeds verder uit beeld geraakt met kinderen en kleinkinderen die Nederland als hun thuisland beschouwen.

Niemand die de aftakeling van de 'gastarbeiders' zo sterk hebben meegemaakt als hun eigen kinderen: de jongeren uit de tweede generatie. Het concept van de 'revolte van de tweede generatie' wordt hierdoor verklaard en omschreven in termen van hoge werkloosheidscijfers, misdaad, alcohol, drugsverslaving en andere armoedegerelateerde aspecten, die vaak worden geobserveerd bij migranten van de tweede generatie. Deze revolte komt voort uit een transgenerationeel conflict en is in verband te brengen met het protest dat de eerste generatie heeft laten liggen. Het multiculturele drama in optima forma.

Casus
Nouriya is als kind met haar ouders naar Nederland gekomen vanuit Iran. Haar vader overlijdt als zij 15 jaar oud is en haar moeder blijft achter als weduwe met vijf jonge kinderen. Op haar 18e krijgt Nouriya een vriendje, met wie zij wil samenwonen omdat deze jongen van Marokkaanse origine bij haar thuis niet welkom is. Deze jongen blijkt een **loverboy** te zijn en gaandeweg wordt zij de prostitutie in gelokt. Tatoeages, alcohol, abortus provocatus, strafblad: een aantal jaren leeft zij aan de zelfkant van de samenleving. Deze loverboy blijkt over een heel netwerk van 'broers en vrienden' te beschikken, die de meisjes in de gaten houden, zodat ook zij geen kant op kan. Op haar 25e lukt het haar uiteindelijk om aan zijn invloed te ontsnappen en zij werkt met de politie mee om hem in het gevang te krijgen. Zelfs na zijn veroordeling is zij als de dood dat hij zijn vrienden op haar af zal sturen.
Nachtmerries en paniekaanvallen verhinderen haar een normaal leven te leiden en een intensieve begeleiding wordt opgezet. Samenwerking met politie, woningbouwvereniging, gemeente, slachtofferhulp enzovoort helpt haar om binnen een jaar een

zelfstandig leven op te bouwen. Een baantje tegen het minimumloon accepteert zij, omdat zij dit geld **'eervol'** verdient. Zij is vastbesloten haar leven een andere wending te geven. Het werk helpt haar om haar dag- en nachtritme te normaliseren, voldoende en gezond te eten en te stoppen met alcohol en sigaretten. Gaandeweg krijgt zij iets meer rust, hetgeen noodzakelijk is om aan de traumaverwerking te kunnen beginnen. EMDR (zie hoofdstuk 5) is succesvol, omdat zij goed geaccultureerd is: zij voelt zich beter en ook haar slaappatroon is verbeterd. Haar ultieme wens is om weer contact te mogen krijgen met haar moeder, die haar nooit meer wil zien, omdat Nouriya haar familie 'te schande' heeft gemaakt.

Vaak wordt onderscheid gemaakt tussen migratie op basis van economische motieven ('goudzoekers') en gedwongen migratie (asielzoekers). Migratie is echter geen dichotoom gebeuren. Er zijn veel verschillende overwegingen, die mensen maken alvorens tot deze stap over te gaan.
Economische motieven trekken vooral jongeren aan die – al dan niet op tijdelijke basis – de levensomstandigheden in hun thuissituatie willen verbeteren: de gastarbeider of seizoenarbeider. Ook als de werkgelegenheid stopt in het immigratieland, blijft deze stroom migranten voortduren vanwege de sociale omstandigheden, die vanuit de verte als beter worden gepercipieerd. We zagen dit in Nederland ontstaan in de jaren tachtig van de vorige eeuw bij de Marokkaanse en Turkse groepen 'gastarbeiders'. De jaarlijkse bezoeken aan hun land van herkomst met auto's volgeladen met nieuwe producten, gaven deze emigranten een bijzondere status bij de achterblijvers.
Twintig, dertig jaar later zien we dat aan de Turkse Rivièra de grondprijzen in deze periode fenomenaal zijn gestegen door deze gastarbeid in Europa. Op deze wijze kon het massale toerisme vanuit Europa naar Turkije ontstaan. De levensstandaard aan de Turkse kust is dientengevolge sterk gestegen.
Tegenwoordig zien we vergelijkbare ontwikkelingen bij de Polen die in Nederland zijn komen werken, al dan niet op permanente basis.
En elders in Europa: in Parijs werkt een groep jonge migranten afkomstig uit Mali in de bouw; om de zoveel tijd werkt ieder groepslid verder in de bouw van hun oorspronkelijke dorp op het Malinese platteland. De in Frankrijk opgedane expertise kunnen zij zo in hun eigen dorp in de praktijk brengen.

Gedwongen migratie betreft (asielzoekers en) vluchtelingen, die op de vlucht gaan voor vervolging en geweld in het land van oorsprong. In eerste instantie vluchten zij naar een buurland; de hoger opgeleiden vluchten vaak verder naar het Westen vanwege de betere economische perspectieven.

2.1.2 TRANSMIGRANT

Een betrekkelijk nieuwe term op het gebied van migratie is 'transmigrant': globalisering en de verbeterde communicatiemogelijkheden maken het mogelijk dat een persoon deel uitmaakt van een transnationale gemeenschap en actief is in twee of meer landen tegelijkertijd. Het verschil met de klassieke term 'diaspora' is dat door de globalisering deze vorm van migratie zich snel ontwikkelt. Transmigranten vormen een bedreiging voor de democratie, omdat nog geen wetten bestaan voor deze groepen (Vertovec, 1999).

In Nederland heeft zich na het aantreden van de 'gastarbeider' het fenomeen 'pendelaar' ontwikkeld: de arbeidsmigrant van de eerste generatie uit Marokko en Turkije, die in de loop van de tijd arbeidsongeschikt is geraakt of met pensioen is gegaan. Het verlangen naar terugkeer ontstaat veelal na het 50e levensjaar, wanneer perspectieven verdwenen zijn en de gezondheid barsten begint te vertonen (Van Dijk, 1985). De contacten met het land van herkomst zijn veelal intensief gebleven door de familiecontacten en frequent reizen. Velen hebben daar een huis gebouwd, dat onbewoond staat te wachten op terugkeer. Hun echtgenotes wensen niet allemaal op permanente basis terug te keren en hun in Nederland geboren en getogen kinderen en kleinkinderen vormen een belangrijke reden om te 'pendelen'. De 'gastarbeider' is een wereldburger aan het worden. Deze ontwikkeling vraagt aandacht en is voor werkgevers van groot belang. Om de pendelaar tegemoet te komen is het interessant om veel meer flexibele arbeidsovereenkomsten aan te bieden, zodat mensen voor langere tijd terug kunnen gaan naar hun land van herkomst: geen hier of daar, maar een beetje hier en een beetje daar.

De nationale discussie over de dubbele nationaliteit past in dit vraagstuk, immers dubbele loyaliteiten van burgers zullen in de toekomst alleen maar toenemen. Circa 900.000 Nederlanders hebben naast de Nederlandse nationaliteit een tweede nationaliteit (CBS, 2006). Bij de helft van hen betreft dit de Turkse of Marokkaanse nationaliteit. Deze nationaliteit wordt overgedragen via het ius sanguinis en men kan – volgens de wetgeving van het land van herkomst – hiervan geen afstand doen. Op ruime afstand volgen de Nederlanders met tevens de Duitse of Britse nationaliteit. Nederlanders die afkomstig zijn uit

Suriname en Somalië hebben in ruime meerderheid hun oorspronkelijke nationaliteit opgegeven.

De betekenis van burgerschap zal veranderen en het is de vraag hoe Nederland of Europa hiermee weet om te gaan in de toekomst (Bauböck, 1994).

2.1.3 KENNISMIGRANT

Nederland heeft steeds meer behoefte aan hoog tot zeer hoog opgeleide professionals met een technische opleiding. De populariteit van de 'pretpakketten' op de Nederlandse middelbare scholen heeft ertoe geleid dat er structureel te weinig technisch georiënteerde professionals zijn. *Why be a scientist, if you can be his boss?* is lange tijd het adagium geweest van de manager in spe. Het is voor een soepele aanpassing van de kennismigranten in Nederland – de broodnodige 'geïmporteerde' technici – van belang dat zij kunnen instromen zonder de jarenlange bureaucratische problemen waarmee immigranten worden geconfronteerd.

Rondom Amsterdam vestigen zich jaarlijks zo'n vijf- tot tienduizend buitenlandse werknemers. Om hun inburgering te faciliteren, is de volgende pilot van start gegaan in 2008: de gemeenten Amsterdam en Amstelveen hebben in samenwerking met de Immigratie- en Naturalisatiedienst (IND) een 'expatcenter' in het World Trade Center opgezet, met als doel de kennismigrant tegemoet te komen in de bureaucratische rompslomp. Opmerkelijk in de naam van dit centrum is het feit dat de kennismigrant blijkbaar steeds meer de status van een 'expat' krijgt. Mogelijk besluit hij na een aantal jaren weer huiswaarts c.q. naar zijn vaderland terug te keren.

Ook aan artsen met een biculturele achtergrond bestaat in Nederland steeds meer behoefte gezien de demografische ontwikkelingen in de grote steden. In de periode 1997-2007 hebben ruim 4.000 artsen met een buitenlands diploma zich ingeschreven in het BIG-register (op grond van de Wet op de beroepen in de individuele gezondheidszorg). Ongeveer een kwart van deze artsen is afkomstig van buiten de Europese Economische Ruimte (EER). Artsen van buiten de EER hebben een verklaring van vakbekwaamheid nodig. De Wet BIG eist dat zij hetzelfde niveau hebben als de in Nederland opgeleide arts.

Een werkgever: 'Nederland is een kennisland'
'Het is eigenlijk een ongelooflijke hoeveelheid kennis en intelligentie die Nederland binnenstroomt. Op dit moment gaat die

> voor een groot deel verloren. En toch weten we allemaal dat
> Nederland het moet hebben van kennisintensieve bedrijven.
> Anders gaan we achterlopen. De kennis is er. We moeten er beter
> gebruik van maken. Mijn Poolse werknemer neemt af en toe
> contact op met de universiteit van Krakau, waar zij gewerkt heeft.
> Op die manier ben ik nu steeds op de hoogte van nieuwe technologische ontwikkelingen. Denkt u dat ze in Polen achter zijn
> op technisch gebied? Dat dacht ik ook. Nee dus.'
>
> Uit: 'Cultuurverschillen op de werkplek' van Hans Kaldenbach

Sinds 1 december 2005 worden artsen van buiten de EER door middel van een assessment op hun kennis en vaardigheden getoetst, voordat zij zich in het BIG-register kunnen laten inschrijven (www.ribiz.nl/diplomaenwerk/buitenlandsdiploma/assessment/assessmentvoorartsen.aspx). Deze nieuwe procedure kan zich meten met vergelijkbare procedures in andere landen met een erkend toelatingsbeleid voor buitenlandse artsen zoals de VS (Ten Cate & Kooij, 2008).
Keerzijde van deze ontwikkeling is de braindrain van hoogopgeleiden uit ontwikkelingslanden. De migratie van artsen naar de rijke westerse landen draagt in belangrijke mate bij aan de zwakte van de gezondheidszorg in vooral Afrika (Zijlstra, 2008). Zo werken in de Britse stad Manchester meer artsen uit Malawi dan in Malawi zelf.

2.2 Acculturatie

Het begrip 'acculturatie' verwijst naar een interactief veranderingsproces van cultuurpatronen door langdurig contact tussen nieuwkomers en autochtone bevolking (Berry, 1997). Hoewel veranderingen in culturele oriëntatie bij beide groepen kunnen plaatsvinden, zijn het vooral de nieuwkomers die de grootste veranderingen ondergaan. De dominante cultuurgroep voelt zich in het algemeen minder geroepen te veranderen: 'zij passen zich maar aan' is een veelgehoorde opmerking in dit verband.
Over de jaren is het accent bij onderzoek verschoven van groeps- naar individueel niveau. De psychologische acculturatie hangt samen met attitude, waarden en normen en identiteit (Ryder et al., 2000).
De Canadese onderzoeker Berry onderscheidt twee dimensies van acculturatie:
- *cultuurbehoud*: mate waarin migranten hun culturele identiteit en de kenmerken van hun eigen cultuur wensen te behouden;

- aanpassing: mate waarin migranten de culturele identiteit en kenmerken van de meerderheidsgroep in het nieuwe land wensen over te nemen.

Hierbij worden de volgende acculturatiestrategieën benoemd: separatie, marginalisatie, integratie en assimilatie.

Separatie: immigranten die waarde hechten aan het behoud van hun eigen cultuur en nauwelijks investeren in aanpassing. Zij leven als het ware 'gesepareerd' van de rest van de Nederlandse samenleving. Deze migranten leven met elkaar, spreken uitsluitend hun eigen taal omdat zij nauwelijks contact hebben met Nederlanders, kijken naar de televisiezenders uit het land van herkomst, bezoeken hun eigen winkels, voetbalclub enzovoort. De consequenties voor hun kinderen zijn groot en meestal negatief.

Marginalisatie: noch het behoud van de eigen cultuur noch het overnemen van de nieuwe cultuur wordt nagestreefd. Dit zijn veelal jongeren die tussen de wal en het schip terecht zijn gekomen. De zanger Ali B heeft zich uit deze marge weten te onttrekken naar nationale bekendheid. Petje af! Mensen met deze stijl van acculturatie doen vaak in negatieve zin van zich spreken en bezorgen ook andere migranten een slecht imago.

Integratie: de cultuur van oorsprong en de nieuwe cultuur zijn beide van belang. Deze vorm van acculturatie wordt beschouwd als de beste en gezondste op langere termijn. De grote uitdaging is hier balans: hoe pas ik mij zo goed mogelijk aan zonder mijn wortels te verloochenen?

Assimilatie: de cultuur van oorsprong wordt niet behouden en vooral aanpassing wordt nagestreefd. Migranten die enorm hun best doen om Nederlandser te zijn dan Nederlanders, en hun oorspronkelijke cultuur als het ware verloochenen. Bij een huisbezoek bijvoorbeeld is aan de inrichting niet te achterhalen uit welk land zij afkomstig zijn. Veelal worden zij ingehaald door de tijd; anders gezegd, deze stijl is niet lang vol te houden en ongezond.

Factoren die het acculturatieproces beïnvloeden zijn naast de 'gekozen' strategie:
- sociaaleconomische status: hoe hoger de status, hoe minder problemen;
- persoonlijkheidsfactoren: een rigide instelling bevordert de acculturatie niet;
- copingstijlen: hoe beter probleemoplossend vermogen hoe beter de acculturatie;
- belangrijke anderen: hoe meer steun men ervaart van anderen hoe beter;
- contact met de nieuwe cultuur bevordert de acculturatie.

		Behoud van oude cultuur	
		Sterk	Zwak
Aanpassing aan de nieuwe cultuur	Sterk	Integratie	Assimilatie
	Zwak	Separatie	Marginalisatie

Figuur 3 *Acculturatie: cultuurbehoud en aanpassing volgens Berry (1997)*

Daarnaast spelen factoren een rol die al voor de emigratie aanwezig zijn, zoals:
- leeftijd: hoe jonger hoe gemakkelijker de acculturatie;
- opleiding: hoe hoger de opleiding hoe gemakkelijker de acculturatie;
- sekse: vrouwen hebben meer moeite met acculturatie;
- reden voor migratie: eigen keuze maakt het gemakkelijker;
- mate van cultuurverschil: hoe groter de verschillen hoe moeilijker.

Integratie en assimilatie

De acculturatiestrategie 'integratie' wordt beschouwd als de meest effectieve: een betere psychologische aanpassing en aansluiting bij de dominante cultuur. De meeste migranten hebben overigens ook een voorkeur voor deze strategie (Bakker et al., 2003). Het is onmogelijk om van mensen te verwachten dat zij hun oorspronkelijke identiteit afleggen. Juist in onze jeugd worden wij gevormd.
De begrippen integratie en assimilatie worden nogal eens door elkaar gebruikt. De politiek aan het begin van deze eeuw was in feite gericht op assimilatie, terwijl voortdurend *gesproken* werd over integratie. Er werd ook meer gesproken *over* migranten dan *met* migranten. Dat is ernstig, omdat tegelijkertijd de boodschap wordt afgegeven dat de cultuur van herkomst niet goed zou zijn. Mensen uit minderheidsgroepen voelen zich afgewezen en ervaren de druk tot conformeren in toenemende mate als knellend. Het gevolg is een averechts effect: de motivatie tot verdere aanpassing neemt af. Men neemt afstand van de

cultuur van het land van aankomst en trekt zich terug met diverse gevolgen: vervreemding, radicalisering enzovoort.

Het bittere van assimilatie is dat mensen die lange tijd hun uiterste best doen om 'erbij te horen', uiteindelijk zeggen dat zij 'toch nooit geaccepteerd worden'. Dit brengt ook met zich mee dat zij zich losmaken van de 'eigen groep', die op zijn beurt dit gedrag weer als een vorm van verraad beschouwt. Zij ontkennen hun eigen identiteit en staan uiteindelijk alleen.

> **Casus**
> Nabil is afkomstig uit Casablanca in Marokko waar hij geldt als briljant student. Hij spreekt perfect Arabisch, Frans en Engels en krijgt een beurs om in de VS te gaan studeren. Via een internationaal universitair netwerk krijgt hij een baan in Nederland, waar hij besluit zich te vestigen in de jaren negentig. Met zijn goedbetaalde baan kan hij zich een luxeappartement aan een bekende gracht permitteren. Zijn adres ontlokt wel eens opmerkingen in de trant van 'zozo, niet gek voor een Marokkaan' of 'waar houd jij je mee bezig?'. Zo ook wordt hij regelmatig als 'Marokkaan' aangesproken op het onaangepaste gedrag van een aantal Marokkaanse Nederlanders. Al heeft hij geen vrienden of kennissen in deze groep ('ik heb niks met ze'), toch krijgt hij hierbij vaak de indruk alsof hij hier schuld voor zou dragen of in ieder geval hier iets aan zou moeten doen. Omdat zijn werkterrein steeds Europeser wordt en hij vaak langere tijd in Engeland en Frankrijk verblijft, laat hij dit van zich afglijden. Echter, begin deze eeuw keert het tij: een belangrijke promotie gaat zijn neus voorbij en later hoort hij in de wandelgangen bij toeval dat hij 'met zijn achtergrond' weinig kans maakte. Hij raakt in een diepe depressie en besluit na herstel om zich in Parijs te vestigen.

Klassieke assimilatie is gebaseerd op de aanname dat het aanpassingsproces van migranten op enig moment leidt tot een volledig opgaan in de maatschappij van het gastland. Simpel gezegd, het aanpassingsproces is een lineair proces in de tijd: hoe langer in het gastland, des te groter de aanpassing (Zhou, 1997). Het is overigens zeer de vraag of de huidige processen van acculturatie van de verschillende groepen in Nederland vergeleken mogen worden met die van de *melting pot*. De Verenigde Staten hebben hun eigen geschiedenis: de autochtone bevolking werd vermoord of naar reservaten verjaagd, zodat de dominante, allochtone WASP-cultuur (White Anglo-Saxon Protestant) zijn intrede kon doen.

Het opnemen van nieuwkomers in Nederland verloopt op een volstrekt andere manier. De geschiedenis van deze nieuwe groepen heeft zijn aanvang genomen en zal op eigen wijze geschreven worden. Huidskleur, taal en godsdienst zijn factoren die een belangrijke rol spelen bij de snelheid waarmee het aanpassingsproces plaatsvindt. De hypothese dat 'migranten uiteindelijk versmelten met de oorspronkelijke bevolking' kan nooit getest worden, omdat de aanhangers van deze theorie geen tijdpad benoemen waarlangs het assimilatieproces verloopt. Tot op heden is deze theorie niet bevestigd, aangezien er – ook in Nederland – voorbeelden zijn van migrantengroepen die al lange tijd in het gastland leven zonder voldoende te zijn aanvaard, zoals de zigeuners.

2.3 Interculturalisme

De interculturele benadering is meer dynamisch dan en tegengesteld aan de klassieke assimilatie. Ze richt zich op aanpassing van niet alleen de migrant, maar ook van het gastland. Deze visie gaat er namelijk van uit dat het dominante gastland zal veranderen door de interactie met migrantengroepen. Vanuit een globaliserende visie kan dit een belangrijke manier zijn om te kijken naar immigratie, aangezien de media en het sterk toegenomen reizen mensen in staat stellen om met andere culturen in contact te komen. Dit biedt de gelegenheid om een bredere visie te ontwikkelen, die een autochtone bevolkingsgroep kan helpen om nieuwkomers gemakkelijker op te nemen.
In de realiteit van de twintigste eeuw heeft de dominantie van de westerse wereld ook geresulteerd in het ontstaan van weerstand tegen de westerse waarden en normen in de vorm van een herontdekking van eigen waarden en geschiedenis. De opkomst van de islamitische identiteit (Huntington, 1996) is hiervan een voorbeeld. In Nederland zien we bij mensen vanuit met name de Marokkaanse gemeenschap dat hun islamitische identiteit een belangrijke functie heeft in het beschermen van hun biculturele identiteit. Hoeveel Marokkaans-Nederlandse meisjes zijn een hoofddoek gaan dragen toen begin deze eeuw het islamdebat losbarstte? Of, zoals een cliënte huilend vertelt: 'Iedereen begint tegen mij altijd over de islam'.

3 Demografie

Nederland immigratieland
Culturele hybridisatie is een feit

3.1 Demografische ontwikkelingen in de Nederlandse samenleving

Nederland verandert
In 2008 telt de Nederlandse samenleving 16,4 miljoen inwoners, van wie 19% migrant is. Men verwacht dat in 2050 het inwonertal 16,8 miljoen zal zijn met een percentage migranten van 29. In 2050 zal Nederland ongeveer 12 miljoen autochtonen tellen, 1,2 miljoen minder dan nu.
Het aantal *westerse migranten* zal toenemen van 1,4 miljoen nu tot 2,1 miljoen in 2050. Bij deze groep groeit hoofdzakelijk de *eerste generatie* vanwege de Oost-Europese immigratie. In 2050 zal driekwart van alle westerse immigranten afkomstig zijn uit de Europese lidstaten; dat is nu iets meer dan de helft. De groep *niet-westerse migranten* groeit naar verwachting van 1,8 naar 2,7 miljoen mensen, vooral in de *tweede generatie* (CBS, 2008).

Allochtoon en autochtoon
Allochtoon betekent letterlijk 'van andere grond' ('allos' = ander; 'chtonos' = aarde, Gr.). Hiermee wordt bedoeld een persoon van wie ten minste één ouder in het buitenland is geboren. Deze persoon woont in Nederland en is opgenomen in de Gemeentelijke Basisadministratie Persoonsgegevens (GBA). Het woord 'allochtoon' is een vervuild woord, dat de integratie van nieuwkomers niet ten goede komt. Steeds meer stemmen gaan op om dit woord niet meer te gebruiken. In deze uitgave wordt het woord 'allochtoon' uitsluitend gebruikt om gegevens te presenteren van het Centraal Bureau voor de Statistiek (CBS) en om eerdere publicaties aan te halen.
Het woord 'autochtoon' betekent 'van dezelfde grond' ('autos' = zelf;

'chtonos' = aarde Gr.). Dit woord wordt gebruikt om de Nederlanders aan te duiden die sinds generaties in Nederland wonen. Over het algemeen voelt men zich niet in negatieve zin aangesproken wanneer dit woord gebruikt wordt.

Tabel 1 Aandeel migranten in de Nederlandse bevolking (CBS, 2008)

aantal Nederlanders: autochtoon: 13,2 miljoen; allochtoon: 3,2 miljoen

westerse allochtonen ($\approx$ 1,4 mln.)		niet-westerse allochtonen ($\approx$ 1,8 mln.)	
Nederlands-Indië/Indonesië	393.200	Turkije	372.700
Duitsland	383.900	Suriname	335.800
België	112.200	Marokko	335.100
Voormalig Joegoslavië	76.400	Nederlandse Antillen	131.800
Groot-Brittannië	76.300	China	47.100
Voormalige Sovjetunie	46.100	Irak	45.400
Polen	45.600	Afghanistan	37.370
overig westers	295.400	Iran	29.800
		Somalië	19.500
		overig niet-westers	397.700

De grootste migrantengroepen in Nederland zijn dus afkomstig uit voormalig Nederlands-Indië en Indonesië, Duitsland, Turkije, Suriname en Marokko. Over Duitsers als immigrantengroep spreekt niemand. De Nederlands-Indiërs en Surinamers zijn afkomstig uit de vroegere koloniën en hun kolonisatiegeschiedenis is momenteel geen actueel onderwerp. Door hun geschiedenis kennen zij de Nederlandse cultuur misschien wel beter dan autochtone Nederlanders.
Wat betreft de Turkse en Marokkaanse Nederlanders valt op dat zij vaak in één adem worden genoemd. Dit is op zich bevreemdend aangezien Rabat dichter bij Amsterdam ligt dan bij Ankara. Hun komst naar Nederland is voor beide groepen vergelijkbaar: gastarbeid en later gezinsvorming. Nog een overeenkomst is dat beide landen zijn gelegen aan de Middellandse Zee en grotendeels islamitisch zijn. De verschillen tussen beide groepen zijn echter van wezenlijk belang om te begrijpen waarom het leven voor veel Marokkaanse Nederlanders moeilijk is. Turkije is een natie met één volk, één vlag en – afgezien van de Koerden – de Turkse taal. Hun identiteit is stevig gevormd en met een goede sociale cohesie blijkt dit hun een belang-

rijke bescherming te bieden bij migratie. Zij voelen zich in de eerste plaats Turks en daarna moslim. De Marokkaanse Nederlanders zijn veelal afkomstig uit het Rifgebergte in het noorden van Marokko, een van oudsher arme streek met een bikkelharde geschiedenis van repressie en terreur. Franco wist hun jonge mannen te vinden om hen te ronselen voor de Spaanse burgeroorlog in de jaren dertig van de vorige eeuw. De Franse kolonisten hadden soldaten nodig in de Tweede Wereldoorlog. Het vertrek van de gastarbeiders voor de Europese economische ontwikkeling leek niemand te deren. Deze traumatische geschiedenis is deel van hun leven en dit dragen zij over generaties met zich mee. Van deze existentiële pijn hebben de islamisten handig gebruikgemaakt. De identiteit van de Marokkaanse Nederlander wordt in de eerste plaats bepaald door hun geloof en niet door hun nationaliteit van oorsprong. Kennis van hun specifieke achtergrond lijkt in Nederland geen onderwerp, terwijl dit van belang is om hun leefsituatie beter te begrijpen en een bijdrage te leveren aan verbetering. *Het verleden leeft ook in hen.*
Immigratie is voor Nederland geen nieuw verschijnsel. Sinds eeuwen heeft men in Nederland groepen mensen ontvangen, die vanwege religieuze of economische tegenspoed naar Nederland zijn gekomen. Hugenoten en Duitsers zijn – al dan niet geruisloos in die tijd – opgegaan in de Nederlandse bevolking en niemand haalt het in zijn hoofd om hen vandaag de dag nog als een aparte etnische of culturele groep te benoemen.
Ten gevolge van de dekolonisatie in de tweede helft van de twintigste eeuw vestigden zich een paar honderdduizend mensen uit voormalig Nederlands-Indië en Suriname in Nederland. De mensen uit voormalig Nederlands-Indië worden in de statistieken gerekend tot de westerse allochtonen. De mensen uit Suriname en later uit de Antillen werden van Rijksgenoten niet-westerse allochtonen (CBS).
Toen de naoorlogse economie in Nederland oververhit dreigde te raken, werden arbeiders uit de zuidelijke Europese landen geworven: Joegoslavië, Italië en Spanje. Zij werden gastarbeiders genoemd. Toen ook daar de economische ontwikkelingen verbeterden, vertrokken de meesten weer en ging het Nederlandse ministerie van Sociale Zaken op zoek naar goedkope arbeiders in andere mediterrane landen: Turkije en Marokko.
De toetreding van Oost-Europa tot de Europese Unie bracht deze eeuw een nieuwe stroom immigranten op gang. Gezinshereniging en gezinsvorming naast de tienduizenden vluchtelingen uit landen als Iran, Irak, Somalië en Afghanistan enzovoort maakten van Nederland in enkele decennia een 'multiculturele samenleving'.

Tabel 2 Verschillen tussen autochtonen en allochtonen wat betreft arbeidsparticipatie, werkloosheid en percentage mensen met een uitkering

Arbeidsparticipatie in percentages van de beroepsbevolking (CBS, 2006)

		w.v. mannen	w.v. vrouwen
autochtonen	66,9	75,8	57,9
westerse allochtonen	63,9	70,4	57,8
niet-westerse allochtonen	46,7	55,4	37,8

Werkloosheid 15-64 jaar in percentages van de beroepsbevolking (CBS, 2004)

		w.v. mannen	w.v. vrouwen
autochtonen	5,3	4,5	6,4
westerse allochtonen	8,4	7,2	9,8
niet-westerse allochtonen	16,1	16,5	15,5

Personen met een uitkering in percentages van de beroepsbevolking (CBS, 2008)

		uit China	uit Irak	uit Somalië
autochtonen	14,3			
westerse allochtonen	16,8			
niet-westerse allochtonen	25,2	10,2	43,5	42,6

Uit de cijfers van tabel 2 komt naar voren dat de verschillen tussen autochtonen en westerse allochtonen relatief klein zijn, als het gaat om arbeidsparticipatie, werkloosheid en het percentage mensen met een uitkering. Niet-westerse allochtonen hebben als groep een significant lagere arbeidsparticipatie, zijn vaker werkloos en hebben vaker een uitkering. Bij Marokkaanse Nederlanders is de werkloosheid sinds 2001 meer dan verdubbeld. Van alle groepen migranten hebben zij de hoogste werkloosheid (viermaal hoger dan bij autochtone Nederlanders).

Afname beroepsbevolking

Na een voortdurende groei in de afgelopen eeuw staat de potentiële beroepsbevolking op het punt om te gaan krimpen. 1 januari 2007 telde Nederland tien miljoen inwoners van 20 tot 65 jaar. Dit aantal zal de komende jaren afnemen van tien tot negen miljoen in 2040. Deze afname is per regio verschillend en lijkt in het noorden en het zuiden van het land al te zijn begonnen.

Het aantal ouderen binnen de beroepsbevolking neemt sterk toe; deze groep zal waarschijnlijk de arbeidstekorten in de toekomst gaan opvangen.

Vergrijzing

De niet-westerse eerste generatie bestaat op dit moment voor 5% uit 65-plussers. Zij remmen momenteel de vergrijzing enigszins, omdat zij als groep jonger zijn dan de autochtonen en westerse allochtonen. In 2050 verwacht men dat de vergrijzing in deze groep zal oplopen tot bijna 30%. Het aantal alleenstaande niet-westerse allochtonen zal naar verwachting toenemen van 210.000 naar 350.000 in 2050 (CBS, 2007).

Immigratie

De immigratie is in 2006 toegenomen tot ongeveer 100.000 mensen. Deze toename wordt veroorzaakt door ongeveer 23.000 terugkerende (remigrerende) Nederlanders, onder wie 5.000 allochtonen van de tweede generatie. Daarnaast vestigden zich mensen vanuit de EU (Duitsland en Polen) in Nederland. Dit hangt samen met de Nederlandse economie en de versoepelde wetgeving voor arbeidsmigranten (CBS, 2007). Na de Nederlandse spijtoptanten zijn de Polen (hoofdzakelijk mannen) momenteel de grootste groep immigranten. Zij vestigen zich voornamelijk in de bollenstreek en de Brabantse steden. De prognose is dat de Poolse immigratie de komende jaren zal afnemen in verband met de verbeterende economie en lonen in eigen land. De Roemenen en Bulgaren lijken hun werk – vooral in de land- en tuinbouw – over te nemen (FNV, 2008). Sinds de toetreding op 1 januari 2007 van Bulgarije en Roemenië tot de Europese Unie is het aantal mensen dat zich uit deze landen in Nederland vestigt, toegenomen tot ongeveer 8.000 in 2007. Ruim de helft van hen vestigt zich in een van de vier grote steden. Betrof deze immigratie aanvankelijk gezinsvormende migratie, momenteel zijn het arbeidsmigranten (CBS, 2007). Het aantal immigranten uit landen als Turkije, Marokko en Suriname daalt licht, wellicht door de striktere wetgeving ten aanzien van gezinsvorming.

Emigratie

Sinds het jaar 2000 is de emigratie toegenomen van 80.000 naar 130.000 mensen in 2006. Deze gestage toename liep in 2007 terug naar 123.000 mensen (CBS). De daling in 2007 treedt vooral op bij migranten van de eerste generatie: 64.000 in 2007 tegen 71.000 in 2006.
Emigranten zijn zowel autochtonen als tweedegeneratiemigranten; ook verlaten steeds meer EU-burgers Nederland. België en Duitsland zijn populaire bestemmingen.

Retourmigratie
Niet alle Oost-Europese immigranten zullen zich permanent vestigen in Nederland. Van de Poolse immigranten uit 2004 is tot en met 2006 een kwart teruggekeerd (CBS, 2007).
De prognoses van immigratie en emigratie zijn moeilijk voorspelbaar, omdat deze van veel factoren afhankelijk zijn zoals toekomstig asielbeleid, economische en politieke ontwikkelingen in de wereld.

3.2 De tweede generatie

Het aantal niet-westerse migranten van de tweede generatie zal tot 2050 verdubbelen naar ongeveer 1,5 miljoen inwoners. Deze tweede generatie heeft momenteel een gemiddelde leeftijd van 14 jaar. Men verwacht dat in 2050 de gemiddelde leeftijd van de tweede generatie 34 jaar zal zijn. Twee van de vijf wonen momenteel bij de ouders. Het aantal samenwonenden in deze groep stijgt naar verwachting van 70.000 naar 620.000 in 2050. Het aantal alleenstaanden van de tweede generatie zal stijgen van 60.000 naar 260.000 (CBS, 2007).
Bij de tweede generatie zijn voor alle migrantengroepen de sterftecijfers hoger dan voor autochtone Nederlandse jongeren (Brandt, 2003). Tot de leeftijd van 35 jaar ligt de mortaliteit bij Turkse en Marokkaanse Rotterdammers hoger dan gemiddeld. Het gaat dan met name om niet-natuurlijke doodsoorzaken zoals zelfdoding, verkeersongevallen en misdrijven (Huiskamp et al., 2001). Als het klopt dat jonge tweedegeneratiemigranten aan meer gevaren blootstaan en dus vaker overlijden zoals de statistieken aangeven, betekent dit tegelijkertijd dat belastbaarheidsbepaling bij deze jongeren in meer gevallen te verwachten is, aangezien niet iedereen overlijdt bij een verkeersongeval of gedood wordt bij een misdrijf. Gewonden kunnen gehandicapt blijven of anderszins verminderd belastbaar.
Het onderzoek *De lat steeds hoger* (Entzinger et al., 2008) richt zich op deze tweede generatie in vergelijking met autochtone jongeren. De resultaten worden 'schokkend' genoemd. Dit onderzoek is een vervolg op een vergelijkbaar onderzoek uit 1999, waarbij Marokkaanse, Turkse en autochtone Rotterdamse jongeren werden onderzocht. Een paar uitkomsten:
– De hoger opgeleide Turkse en Marokkaanse jongeren in Rotterdam voelen zich minder thuis dan de lager opgeleiden in deze groepen. Wellicht dat zij de vaak subtiele uitsluitingsmechanismen beter herkennen.

- De ontheemding is het sterkst bij de laag opgeleide autochtone Nederlandse jongeren: 45% voelt zich steeds minder thuis in de stad.
- In vergelijking met het vorige onderzoek uit 1999 wordt het verminderde toekomstperspectief ondanks het verbeterde opleidingsniveau van Turkse en Marokkaanse Rotterdammers 'zeer verontrustend' genoemd door de onderzoekers. Was niet juist opleiding de beste garantie voor een geslaagde integratie, zoals de politiek voortdurend verkondigt? Waarom nog een zware studie volgen als je toch niet aan de bak komt, is de voor de hand liggende redenering. Juist deze 'high potentials' zouden het rolmodel moeten zijn in hun eigen groep.

> Een Turks-Nederlands jongetje van de derde generatie krijgt op de basisschool het volgende te horen. Tijdens een discussie over de islam vertelt hij dat zijn grootouders gelovig zijn en vijf keer per dag bidden: 'Jouw opa en oma moeten terug naar Turkije, want die horen hier niet. En als je moeder een hoofddoek gaat dragen, moet zij ook het land uit'.

Van Allah tot Prada
Een ander wetenschappelijk onderzoek met deze trendy naam en uitgevoerd door de Universiteit van Amsterdam, is een initiatief van Forum, het Instituut voor Multiculturele Ontwikkeling (Nabben et al., 2006). Het doel van dit jaarlijks te herhalen onderzoek is informatie naar voren te brengen over de identiteit, leefstijl en geloofsbeleving van de tweede generatie Turkse en Marokkaanse Nederlanders tussen 14 en 24 jaar.
Dit onderzoek toont aan dat deze jongeren de kernwaarden van hun ouders, die ontleend zijn aan de islam, cultuur en traditie van hun land van herkomst, nauwelijks ter discussie stellen. Zij gaan veel om met familie en vrienden uit dezelfde etnische groep en moslim-zijn is belangrijk voor hun identiteit. In de meeste gevallen trouwen zij met iemand uit eigen kring; steeds minder vaak wordt een huwelijkspartner 'opgehaald' uit het land van herkomst.
Dit onderzoek onderscheidt vijf typen jongeren, gebaseerd op hun religieuze en culturele beleving. In kernbegrippen worden ze als volgt gekarakteriseerd:
1 de conformisten, die de veiligheid van geloof en traditie waarderen;
2 de neo-orthodoxen zijn gelovig en gericht op carrière;

3 de flexibelen zijn praktisch en nuchter;
4 de hedonisten genieten van hun vrijheid;
5 de escapisten onttrekken zich aan alles, vinden hun heil in drugs en zijn vaak werkloos. We herkennen hier duidelijk de acculturatiestijl 'marginalisatie'.

Bij de andere vier groepen zou wetenschappelijk onderzoek moeten aantonen welke acculturatiestijlen – volgens de definiëring van Berry – hier worden gehanteerd.

> **'Wil je weten hoe het voelt?'**
> 'Wil je lopen in de schoenen die ik loop
> Wil je smoken van de wierie die ik rook
> Wil je weten hoe het voelt om altijd anders te zijn
> Wil je weten hoe het voelt om buitenlander te zijn'
>
> 'Zeg me wat me maakt, soms word ik kwaad door wat ik hoor op de straat
> Allochtoon ik hoor het woord te vaak, en het stoort me vaak
> Vandaar dat dit gevoel wordt gevoeld door vele
> De straat is overspoeld met jonge multiculturele
> Met dezelfde visie, op zoek naar hogere posities
> Niet te stoppe door de wet of de politie zie wat ik zie
> Het is geen fictie het zijn feite, we laten het blijke
> God het spijt me in me hart ben ik zuiver, maar ze sluite me buite
> Word niet geluisterd dus ik voel me al anders
> Ben een Amsterdamse, Nederlandse, buitenlander
> Bewandel me pad strak, ik ben niet af te leide
> Fuck de media, de maatschappij en meide die bij me slijme
> Zeg me zou jij overleve? Als je leeft in een wereld vervloekt met een zege'.

Bovenstaande tekst is afkomstig van een rapcrew van tien jongeren met verschillende etnische achtergronden, genaamd Tuindorp Hustler Click (THC). Zij zijn opgegroeid in Tuindorp, een wijk aan de rand van Amsterdam-Noord. 'We rappen over het leven dat veel jongens op straat leven. Als je een verkeerde stap zet, kun je in de cel eindigen of op het kerkhof', zegt een van de musici. Commentaar dat niet getuigt van veel vertrouwen in de samenleving.

Opvallend is dat de meisjes gemotiveerder zijn dan de jongens als het gaat om studie en loopbaan. Jongens en meisjes zien beiden hun toekomst in Nederland. Een ander opvallend punt is de grote diversiteit in denkbeelden over tal van levensvragen. Veruit de meesten studeren of werken en een kleine minderheid is een groepje relschoppers, dat vaak negatief in het nieuws is. Deze 'escapisten' bezorgen het imago van de Marokkaanse Nederlander veel schade. Deze hoofdpijngroep gemarginaliseerden heeft alle perspectief verloren. Zij hebben een problematische levensstijl, eisen respect, maar hun gedrag roept het tegenovergestelde op. De Turkse jongeren komen veelal als 'conformisten' uit het onderzoek naar voren.

'Door een toenemende participatie aan niet-gerelateerde mosliminstituties is de verwachting', schrijven de onderzoekers, 'dat de moslimidentiteit in de nabije toekomst bij de *hedonisten* en bij een deel van de *flexibelen* steeds diffuser gaat worden. Het moslim-zijn vlakt steeds meer af naarmate jongeren er een hedonistische en vrijere leefstijl op nahouden.' Ook blijkt dat een meerderheid van de moslimjongeren zelden of nooit naar de moskee gaat. 'Een reden die regelmatig genoemd wordt is dat de preek niet in het Nederlands is.' De imam blijkt veel minder invloed op jongeren te hebben dan vaak wordt verondersteld. 'Kennelijk ligt het voor jonge Turken en Marokkanen – net als voor hun leeftijdgenoten van een andere etniciteit – meer voor de hand om met vragen over geloof en daaraan verwante thema's allereerst te rade te gaan bij hun ouders, broers en zussen, vrienden en vriendinnen, dan wel het internet of de bibliotheek te raadplegen.'

Als dit onderzoek iets duidelijk maakt, dan is het wel dat 'de' jonge moslim niet bestaat en dat het degelijke onderzoek van deze studie resultaten oplevert die haaks staan op vigerende vooroordelen jegens deze jonge Nederlanders.

Huwelijkspartner

Veruit de meeste Turkse en Marokkaanse Nederlanders kiezen voor een huwelijk met een land- en geloofsgenoot. Het aantal importpartners neemt sinds 2004 echter sterk af en men kiest steeds vaker voor een in Nederland wonende partner van dezelfde herkomst. Een belangrijke reden hiervoor is het feit dat in Nederland de regels voor gezinsvorming de laatste jaren zijn aangescherpt in navolging van andere Europese landen zoals Denemarken.

> Degene die kaynanams (mijn schoonmoeder) gezag durft te ondermijnen moet nog geboren worden. Lachrimpels heeft ze bijna niet, wel twee diepe groeven tussen haar wenkbrauwen. Als

ze naar me kijkt, trilt de grond onder mijn voeten. Ik ben niet de enige die bang is voor haar stalen blik. Voor alles wordt toestemming gevraagd aan 'ons ma'. Ze beheert de WAO-uitkering van haar man en de inkomens van de anderen. Elke laatste vrijdagavond van de maand brengt Emel (mijn schoonzus) een langwerpige witte enveloppe mee met haar urenbriefje en salaris van het naaiatelier. Ze krijgt 25 gulden zakgeld, net als Kaan (mijn echtgenoot) en zijn broer. Ik ben voor mijn sigaretten afhankelijk van Kaan. De zwarte leren portemonnee die ik van mijn vader voor mijn verjaardag kreeg, draag ik voor de sier als opvulling in mijn handtas samen met een pak zakdoekjes, twee lippenstiften, een zwart oogpotlood en mascara. Zakgeld krijg ik zelden van Kaan. Hij gebruikt zijn bankpas alleen als zijn moeder hem naar de bankautomaat stuurt, omdat ze niet weet hoe ze moet pinnen. Netjes levert hij elk bonnetje in. De bankafschriften neemt ze nauwlettend door.

Uit: 'de Importbruid' van Hülya Cigdem

Ook al lijken de Turkse en Marokkaanse Nederlanders steeds meer op autochtone Nederlanders als het aankomt op partnerkeuze, toch is het op de eerste plaats van belang dat hun ouders de huwelijkskandidaat aanvaardbaar vinden (Sterckx & Bouw, 2005). Dat niet al deze jongeren de wensen van hun ouders wenselijk vinden, hangt sterk samen met de psychosociale problemen bij deze groep jongeren. Of zoals een Marokkaans Nederlandse cliënte met een universitaire opleiding en een Nederlands vriendje tegen haar gescheiden moeder uitschreeuwt: 'Kun jij één huwelijk in onze kringen noemen dat gelukkig is?!'

Casus
Irena komt vanuit Bulgarije naar Nederland, nadat zij via internet een Nederlandse man heeft leren kennen. Zij heeft een technische opleiding en gaat ervan uit dat zij in Nederland haar loopbaan kan voortzetten. Omdat zij heel snel goed Nederlands heeft geleerd, vindt zij in korte tijd een interessante baan. De omgang met haar collega's stelt haar echter enorm teleur. Zij heeft altijd het gevoel dat zij haar komst naar Nederland moet uitleggen en verdedigen. Zij doet haar beklag bij de gezondheidsmanager, die

hier weinig mee doet. Wanneer haar echtgenoot een baan krijgt in het Midden-Oosten, besluit zij onmiddellijk met hem mee te gaan. Als belangrijkste reden voert zij aan dat zij er genoeg van heeft om als 'tweederangs' medewerker te worden beschouwd.

Arbeidssituatie van migranten 4

De werkzoekende blanke man van 25 jaar wordt schaars.
Als er geen andere mensen te vinden zijn zullen de werkgevers wel overstag gaan.
A. Aboutaleb, staatssecretaris van Sociale Zaken en Werkgelegenheid

In dit hoofdstuk komt de arbeidssituatie van migranten in het algemeen aan bod en van expatriats en vluchtelingen in het bijzonder. Opleiding, verzuim, werkloosheid en solliciteren krijgen aandacht. De demografische ontwikkelingen verplichten werkgevers en werknemers expliciet meer aandacht te besteden aan migranten: de interculturele realiteit van de Nederlandse werkvloer betreft 15% van de werknemers. Dit percentage zal naar verwachting stijgen tot 30 in 2050 (CBS, 2005).

Vooralsnog lijkt die 'blanke man van 25 jaar' nog steeds te vinden. Misschien is hij inmiddels de 30 gepasseerd, maar de jacht op bicultureel talent lijkt nog niet geopend. Werkgevers zien blijkbaar nog geen reden om overstag te gaan en migranten in dienst te nemen. 'Waar zijn de Obama's van Nederland?' is een Idols-achtige competitie, georganiseerd door de Baak, het kenniscentrum van werkgeversorganisatie VNO-NCW met als doel werkgevers attent maken op het biculturele talent in Nederland. De organisatie is teleurgesteld na vier jaar, omdat het 'bedrijfsleven allochtoon talent nog steeds niet ziet staan', zo betoogt initiatiefneemster Yesim Candan (NRC, 10 mei 2008).

> Werkgevers blijven wettelijk verplicht om te streven naar een aandeel van personen uit de doelgroepen binnen de onderneming dat verhoudingsgewijs overeenkomt met hun aandeel in de regionale beroepsbevolking.
>
> Artikel 2 van de Arbeidswetgeving

Het is een misvatting te denken dat een in cultureel opzicht divers team beter zou presteren, enkel en alleen omdat het divers is. Een vijfjarige studie van de Sloan School of Management brengt naar voren dat er geen verband is tussen diversiteit en hun objectieve prestaties (Kochan et al., 2003). Ander onderzoek toont aan dat de kans op conflicten groter is (Jehn et al., 2007): diversiteit moet gemanaged worden. Het is een natuurlijke neiging dat gelijken elkaar opzoeken. De verschillende diversiteitkenmerken dienen in een bepaalde samenstelling een team te formeren (Van der Zee & Van Oudenhoven, 2006). Een goede samenwerking is niet vanzelfsprekend.

4.1 Arbeid in intercultureel perspectief

Over de hele wereld is betaalde arbeid van evident belang. Overal moet gewerkt worden om te leven en in arme landen betekent werkloosheid honger.
In het nieuwe land is een betaalde baan de beste garantie voor een positieve toekomst. Men verdient niet alleen een inkomen voor de betaling van huisvesting en dergelijke, maar voor het zelfbeeld van de migrant is betaalde arbeid van wezenlijk belang. In een individualistische samenleving wordt iedereen geacht financieel zelfstandig te zijn en kan men minder een beroep doen op de groep. Vooral voor mannen is dit een zware eis, omdat zij hun identiteit – meer dan vrouwen – koppelen aan het kostwinnerschap. We kunnen stellen dat in het algemeen werkloosheid voor de migrantenman een groter probleem is dan voor de migrantenvrouw.
Tegelijkertijd impliceert dit voor een man afkomstig uit een traditionele samenleving dat hij als 'gastarbeider' alleen zijn fysieke kracht in de aanbieding heeft op de westerse arbeidsmarkt. Als deze fysieke kracht onder druk komt te staan, wat na tien, twintig of dertig jaar met enige zekerheid gebeurt, hebben beginnende klachten het gewicht van een dreigende ramp.
Arbeidsethos verschilt per cultuur. In Australië wordt gesproken van 'Greek backpain', aangezien rugklachten bij Griekse immigranten vaker zouden voorkomen dan bij andere migrantengroepen. Onze oosterburen hebben het imago van harde werkers: 'Arbeid adelt'. In Nederland zijn we wel wat gemakkelijker geworden: 'Werk is een onaangename onderbreking van de vrije tijd'. In Frankrijk bestaat de volgende uitspraak: 'Le travail c'est la santé, ne rien faire c'est la préserver', hetgeen een verwijzing is naar de weldaad van de siësta. In Nederland kent men de uitdrukking 'met de Franse slag', hetgeen in

tegenstelling staat tot de Duitse 'Gründlichkeit'. In Frankrijk wordt de Franse slag 'un travail Arabe'; in Spanje 'mañana'.
In Noord-Afrika heet werk een eer te zijn: 'Werk maakt de mens'.
Het Nederlandse onderzoek *Wel of niet aan het werk. Achtergronden van het onbenutte arbeidspotentieel onder werkenden, werklozen en arbeidsongeschikten* (Van Echtelt & Hoff, 2008) brengt de volgende conclusies naar voren.
– Sociale aspecten zijn een belangrijke drijfveer om te willen werken.
– Veel mensen met een uitkering willen liefst in deeltijd werken.

In Nederland moet werk dus vooral gezellig zijn en niet de hele dag of week in beslag nemen. Waar ter wereld kan men zich een dergelijke luxe permitteren?

Arbeid en islam
Bij een ideale samenleving hoort een bloeiend economisch leven en daarom wordt in de islam het verrichten van arbeid sterk aanbevolen. Werk komt vóór het gebed.
De Koran zegt dat God werk- en rusttijden heeft geschapen:

> En Wij hebben van uw slaap een bron van rust gemaakt en Wij hebben de nacht als een deken gemaakt en Wij hebben de dag bestemd voor de activiteiten van het levensonderhoud.
>
> (78:10-12)

Behalve dat arbeid en het vergaren van rijkdom noodzakelijk zijn voor de vooruitgang van een samenleving, hebben deze zaken voor de mens als individu ook een andere belangrijke functie. Bezit wordt in de Koran 'een middel ter ondersteuning' genoemd (4:5). Deze ondersteuning is niet alleen voor de mens en zijn gezin bestemd, maar in feite voor iedere medemens die arm en behoeftig is. Rijkdom wordt in de islam namelijk niet zozeer gezien als het bezit van de mens zelf – ook al heeft hij het met zijn eigen handen verdiend – maar als het bezit van God, dat aan hem is toevertrouwd. Door zijn bezit uit te geven, verzacht de mens het leed van zijn medemens, ontwikkelt hij een gevoel van mededogen voor zijn minder bedeelde broeder en onthecht hij zich van aardse bezittingen. Dit laatste is zeer belangrijk, aangezien het verlangen naar steeds meer rijkdom tot onverantwoord gedrag zou kunnen leiden.

4.1.1 OPLEIDING EN SCHOLING

De commissie-Dijsselbloem (2008) brengt een weinig florissant beeld naar voren van het Nederlandse onderwijs. Een van de stellingen in haar rapport is dat scholen niet moeten worden opgezadeld met maatschappelijke problemen. De ongeorganiseerde immigratie wordt volgens dit rapport ook afgewenteld op onderwijsinstellingen: meer leerlingen met problematisch gedrag in steeds grotere scholen, een nog meer verslechterde status van de leraar en het ontstaan van de witte en zwarte scholen. De gevolgen zijn vooral zichtbaar op de vmbo- en mbo-scholen en treffen alle leerlingen. De gigantische regionale opleidingscentra (ROC's) worden bevolkt door een te diverse populatie leerlingen en gaan in de grote steden gepaard met ernstige sociale problematiek. Gevolg: 60.000 leerlingen vallen jaarlijks uit het mbo zonder een zekere startkwalificatie voor de arbeidsmarkt. Veel van hen hebben een migrantenachtergrond.

> Zoals gezegd was de theaterles het uur van Senad. Misschien was het vooral zijn onwil om aan verwachtingen te voldoen dat hem tijdens de theaterlessen het ongekroonde koningschap bezorgde. Tijdens de overige lessen, de lessen Frans, de lessen wiskunde, pakte die tegendraadsheid wat minder voordelig voor hem uit. Senad deed eigenlijk niets. En dus heette het aan het eind van het jaar dat voor deze jongen 'ander onderwijs geschikter' was. Wat dan wel, dat wist niemand, maar Senad verliet, keurig verpakt in dat beschaafde predicaat, de school.
>
> Uit: 'Een hand kan niet klapt en andere verhalen uit de zwarte klas' van Kees Beekmans, bekroond met de E. du Perronprijs

Dit betekent dat veel laagopgeleiden op de arbeidsmarkt komen zonder voldoende startkwalificaties. Het vooroordeel als zouden migranten in het algemeen laaggeletterd zijn, moet worden weggenomen: Nederland telt ongeveer 1,5 miljoen functioneel laaggeletterden, van wie een derde deel van migrantenafkomst (www.lezenenschrijven.nl, 2007).

> **Nederlandse taal: één woord, veel betekenissen**
> Is het leren van de Nederlandse taal gemakkelijk? Wat buitenstaanders opvalt, zijn de verschillen in betekenis, die een woord hebben kan.
> 'Het is lekker weer'.
> 'Het eten is lekker'.
> 'Wat ben jij een lekker stuk'.
> 'Ben je wel helemaal lekker?'
> 'Ik voel me vandaag niet lekker'.
> 'Ik heb lekker gewerkt vandaag'.
>
> Uit: 'Cultuurverschillen op de werkplek' van Hans Kaldenbach

4.1.2 UITVAL

De hoge absentie en uitval op scholen en opleidingen zou verwijzen naar veranderingen die vooral het gevolg zijn van het leven in een andere cultuur. Vooral meisjes zouden in een loyaliteitsconflict komen met enerzijds de waarden en normen van thuis en anderzijds de eisen gesteld aan de opleiding. Ouders van Turkse en Marokkaanse origine ervaren de Nederlandse samenleving vaak als immoreel en willen hun dochters hiertegen beschermen. Dit leidt tot conflicten en ruzies, omdat deze meisjes zich achtergesteld voelen ten opzichte van hun schoolgenoten. Deze problemen kunnen ertoe leiden dat deze meisjes soms besluiten tot andere activiteiten onder schooltijd (Dautzenberg et al., 2005). Een geschiedenis van spijbelen en schooluitval is echter niet de beste weg naar een goed werknemer- of werkgeverschap.

Ter preventie van arbeidsverzuim is het aan te bevelen om informatie over verzuim reeds te integreren als onderdeel van de beroepscompetentie van de verschillende opleidingsinstituten. De volgende onderwerpen kunnen hierbij aan bod komen: rechten en plichten van de werknemer; ziek- en betermelding en informatie over de gevolgen van verzuim voor bedrijven en instellingen; misbruik van het sociale stelsel, omgaan met conflicten en spanningen op het werk en een goede balans tussen verantwoordelijkheid en activiteit, thuis en in het werk. De rol van de bedrijfsarts, verzekeringsarts en arbodienst dient ook aan bod te komen (Dautzenberg et al., 2005).

Behalve de beroepsopleidingen zouden ook de inburgeringstrajecten voor immigranten bepaalde modules over waarden en normen ten aanzien van werk en gezondheid kunnen opnemen.

4.1.3 AANLOOP TOT VERZUIM

Vaak leidt (werk)stress op een zeker moment tot verzuim. Werkstress kan op een aantal manieren tot uiting komen in het gedrag van mensen: in hun stemming, gevoelens en diverse lichamelijke verschijnselen. Op langere termijn kan werkstress leiden tot klachten en aandoeningen zoals hart- en vaatziekten, ziekten van het lichamelijke afweersysteem, aandoeningen van het bewegingsapparaat en maag- en darmziekten (Buunk & de Wolff, 1992).

Migrantenwerknemers verzuimen als groep op een andere manier dan autochtone werknemers. Zij melden zich later ziek en de aanloop naar de ziekmelding is van groot belang om dit verzuim beter te gaan begrijpen.

Ook gaan migranten anders om met stress. Zo is bijvoorbeeld het geloof in voorbeschikking van invloed op het copinggedrag. Vaker is de *locus of control* buiten de cliënt zelf gelegen, zodat iemand aanspreken op eigen verantwoordelijkheid lastig wordt. Preventie van werkstress is aan te bevelen, omdat de werkomgeving van grote invloed is bij het ontstaan van spanningsklachten en dus verzuim bij migranten (Hubregtse, 2000).

Uit onderzoek blijkt dat algemene factoren voor het ontstaan van werkstress ook voor migrantenwerknemers gelden. Voor een aantal van deze factoren lopen zij meer risico dan autochtone werknemers, zoals lage kwaliteit van arbeid, lage sociaaleconomische klasse, financiële noodzaak om te werken en aangeleerde hulpeloosheid. Daarnaast hebben migrantenwerknemers te maken met specifieke determinanten voor werkstress, waar autochtonen niet of nauwelijks mee te maken krijgen: problemen met acceptatie en waardering, discriminatie, interculturele miscommunicatie en eventueel positief discriminerend actiebeleid. Sommige culturele gebruiken of conventies kunnen eveneens een stressverhogend effect hebben: vanuit een collectieve achtergrond komt het regelmatig voor dat een werknemer ook nog zorg draagt voor familie of meerdere familieleden. De overassertieve (lees: *onbeschofte*) Nederlandse cultuur wordt door veel migranten als 'weinig respectvol naar de ander' beschouwd en aanpassen aan deze in Nederland 'normale' cultuur wordt als weinig aantrekkelijk ervaren (Dautzenberg et al., 2005).

Minder recent onderzoek toont aan dat migrantenwerknemers minder kans maken op promotie. Zij zijn vaker in tijdelijke dienst en ervaren de strikte regelingen voor vakantie en verlof als problematisch. Veel migranten sparen bij voorkeur hun dagen op om langer weg te gaan naar het land van herkomst of om in geval van nood weg te kunnen (Sandvliet & Molenaar, 1990). Het management kan dit opvatten als een gebrek aan engagement. Ziekmelding door een migrantenwerknemer tijdens vakantie in het buitenland wordt expliciet niet gewaardeerd. Het eventueel opgebouwde krediet van deze werknemer wordt in zo'n geval in één klap vernietigd. Het is van groot belang dat over vakanties stevige en eenduidige afspraken worden gemaakt.

In veel bedrijven zijn migranten niet alleen in de minderheid, maar zitten zij ook op de minst invloedrijke posities. Dit verschil in macht maakt het voor migranten moeilijk om iets aan de bedrijfscultuur te doen. Velen voelen zich niet altijd gehoord of serieus genomen door collega's en management. Dit gebrek aan interesse wordt door veel migranten ervaren als een krenking.

> **De perfecte misdaad**
> De Syrische dichter Mohammed al-Maghout is een paar jaar geleden in Damascus overleden, zo maakte de bond van Syrische schrijvers bekend. Al-Maghout (1934) geldt als een van de pioniers van de hedendaagse Arabische poëzie. Tot zijn bekende werken behoren: 'Droefenis bij volle maan' en 'De kamer met een miljoen muren'.
> Al-Maghout combineert in zijn werk satire met beschrijvingen van sociaal onrecht. Zo schrijft hij in een gedicht: 'Politiemensen zoeken overal naar de perfecte misdaad. Maar er is maar één perfecte misdaad: Arabier zijn'.

De migrantenwerknemer in overheidsdienst vertrekt weer snel, vooral vanwege het gebrek aan loopbaankansen, zo blijkt uit een onderzoek naar diversiteitbeleid in opdracht van het ministerie van Binnenlandse Zaken (2008). Vooral bij hogere overheidsfuncties is sprake van een 'eenzijdig personeelsbestand'. Bij de politie is het verloop van migrantenwerknemers hoog, omdat hun autochtone collega's van mening zijn dat zij 'alleen maar zijn aangenomen omdat zij allochtoon zijn'. Hierbij wordt niet uitgesproken maar vaak gedacht: 'Anders zouden zij nooit door de selectie zijn gekomen.'

Een veel gehoorde klacht van migrantenwerknemers is dat zij vaak als intermediair worden ingehuurd, maar niet doorgroeien of een vaste positie bemachtigen. Zij komen vaak niet verder dan het uitvoerende werk.

Selectieprocedures voor doorstroming kunnen op een andere manier migranten uitsluiten van de hogere functies in een bedrijf. 'Allochtone' professionals worden dikwijls binnengehaald om bepaalde bevolkingsgroepen te bereiken. Vervolgens mogen zij alleen met die groepen werken en zijn hun kansen op promotie beperkt: de 'etalageallochtoon' (Schram, 2007), een benaming die de arbeidssatisfactie niet ten goede komt.

Wederzijdse vooroordelen wegens culturele verschillen zijn oorzaken van conflicten op de werkvloer, die een voedingsbodem kunnen vormen voor discriminatie en agressie (Smith, 2000). Een gebrek aan perspectief is een belangrijke stressor voor migrantenwerknemers en het 'gekleurde plafond' is inmiddels een ingeburgerd begrip.

4.2 Expatriats

Veel Nederlandse werknemers worden voor kortere of langere tijd uitgezonden naar het buitenland met als doel arbeid: diplomaten, medewerkers van internationale bedrijven zoals Philips en Shell en last but not least militairen ('onze jongens'). Deze arbeidsemigranten of 'expats' worden ook wel eens de migranten 'met een gouden randje' of 'bohémiens de luxe' genoemd.

Enerzijds zijn migratie en acculturatie in de kern voor hen niet veel anders dan voor andere arbeidsmigranten: ander klimaat, voeding, omgangsvormen enzovoort in het nieuwe land. Dit geldt ook voor de kinderen van 'expats': zij brengen soms vele jaren – al dan niet met intercontinentale verhuizingen – elders door en bezoeken buitenlandse scholen, waar zij in het algemeen geen les krijgen in hun moedertaal.

Anderzijds vertrekken deze werknemers veel vaker dan andere arbeidsmigranten vanuit een bewuste keuze of wens met oog op promotiekansen en hogere financiële compensatie. De migratieproblemen zoals verblijfsstatus en huisvesting zijn voor deze groep over het algemeen beperkt in het nieuwe land. Vrouwen, die hun man vergezellen in den vreemde, hebben weliswaar beperktere carrièrekansen, waardoor uitzending tegenwoordig moeilijker gerealiseerd kan worden. Tandembanen kunnen een oplossing bieden.

Problemen ontstaan echter pas na terugkeer in Nederland: de remigratie. Zij komen echter niet terug in de statistieken als een migrantengroep, zodat geen betrouwbaar cijfermateriaal beschikbaar is. Terug in eigen land moeten veel ex-expats genoegen nemen met een 'normaal' salaris en hierbij passende huisvesting en dit kan – afhankelijk van het aantal jaren in het buitenland – ervaren worden als een statusval.

> **Limonade in het Midden-Oosten**
> Een verkoper van een Nederlands limonadebedrijf keert teleurgesteld terug uit het Midden-Oosten. Een collega vraagt wat er misging tijdens zijn uitzending: 'Ik was ervan overtuigd een grote slag te kunnen slaan, maar het was een probleem dat ik geen Arabisch sprak. Daarom had ik een postercampagne bedacht. Op de eerste poster zag je een man uitgeput door de woestijn kruipen. Op de tweede poster drinkt hij de limonade en op de derde poster stond hij weer helemaal fit. We hadden de posters overal opgehangen.'
> 'Dat klinkt als een groot succes?' antwoordt zijn collega.
> 'Nou nee, ik was vergeten dat de Arabieren van rechts naar links lezen.'

De kinderen gaan weer naar een 'normale' school zonder chauffeur en zij zijn hun 'eigen land' over de jaren als vreemd gaan beschouwen, niet zelden met aanpassingsproblemen als gevolg. De uitdrukking 'Shellkinderen' komt niet uit het niets. Zoals een cliënt – opgegroeid in een diplomatengezin en in behandeling voor depressie – opmerkt: 'Vroeger waren mijn ouders óf weg óf ons huis was vol met bezoekers. Ik herinner me dat ik een keer tijdens een party in het zwembad sprong om te zien of mijn moeder met haar mooie jurk me zou redden. Zij dook inderdaad meteen in het water. Ik was zó blij.'
Publicaties over of voor expatriats zijn vaak oppervlakkige, door managers geschreven boeken over do's and don'ts. Het accent ligt dan vooral op het nieuwe land, terwijl juist de aanpassing bij terugkeer in Nederland moeilijker is. Blijkbaar verandert men meer 'in den vreemde' dan men zich realiseert. De terugkeer naar Nederland met alle implicaties voor het hele gezin, wordt schromelijk onderschat.
Dit gold eveneens voor militairen die worden uitgezonden. Het ministerie van Defensie is zich inmiddels steeds meer bewust van het feit dat blootstelling aan gevaar of dreiging van gevaar traumatiserend kan werken. Actie is ondernomen om militairen beter voor te bereiden en te begeleiden op hun gevaarlijke missies.
Ook voor hen geldt dat een zoetwatervis geen zoutwatervis is. Na terugkeer in het zoete water is het niet meer hetzelfde.

4.3 Vluchtelingen

In Nederland heerst onder vluchtelingen een relatief hoge werkloosheid. Vluchtelingen zijn langer werkloos dan autochtone Nederlanders en ook langer dan mensen uit de andere migrantengroepen (Van den Tillaart et al., 2000). Zij hebben vaker een baan onder hun niveau en zijn meestal werkzaam in laaggekwalificeerde, veelal tijdelijke werksituaties (Klaver & Ode, 2003).
Zij willen vaak zo snel mogelijk aan het werk en stellen daaraan dan weinig eisen. Dit betekent dat zij veelal in een tijdelijke baan terechtkomen met weinig perspectief. Het inburgeren krijgt meestal geen prioriteit, zodat zij zich onvoldoende oriënteren op hun verdere loopbaan. De Nederlandse arbeidsmarkt is ingewikkeld en ondoorzichtig voor iemand die onvoldoende is ingewijd in taal en cultuur. In sommige gevallen zijn vluchtelingen niet van plan langdurig in Nederland te blijven, zodat nauwelijks energie gestoken wordt in het aangaan van een langetermijnplan voor opleiding, werk en loopbaan. Zo zijn vanuit Tilburg de laatste jaren veel Somalische vluchtelingen naar Engeland vertrokken in de verwachting daar een gunstiger werkklimaat aan te treffen.

> Mijn eerste jaar in Nederland in 1998, toen Nederland nog niet zo'n strenge naam had wat betreft integratie, was er een regeltje dat je als asielzoeker drie maanden per jaar mocht werken. Niet al het soort werk mocht, ik kon bijvoorbeeld niet werken als bouwkundig ingenieur. Het regeltje was duidelijk: wij mochten werken als schoonmaker in een magazijn van een supermarkt, als bollenpeller op een boerderij, als inpakker in een koekjesfabriek. Lichamelijk werk waar niet makkelijk autochtonen voor te vinden waren. Het uitzendbureau stuurde mij naar een magazijn waar ik werkte van 10 uur 's avonds tot 6 uur 's ochtends. We vulden een lijst karretjes met spullen voor een supermarkt. De werknemers stonden aan het begin van de nacht bij elkaar. We waren allemaal allochtoon, donkere huid. Een autochtone meneer kwam en vroeg ons naar onze namen. Omdat die te moeilijk voor hem waren, gaf hij ons nummers. Vanaf die avond was ik van 10 tot 6 uur 's nachts Nummer Elf. 'Hé 11', vroeg de man, 'waar is 8?' '8 ging plassen', zei ik. De man lachte. 'Waar is 5 dan?' '5 rookt'. Wat echt grappig was, was dat de man ons de eerste week een papier gaf met ons nummer erop, dat we op moesten hangen.

> Niet aan onze oren, zoals koeien en stieren, maar op onze ruggen. Hij probeerde niet onze namen onder de nummers te schrijven, zoals bij voetbalspelers. Alleen de nummers waren genoeg. Eigenlijk vond ik dat niet raar. De man behandelde ons op een menselijke manier. Op een dag nam hij mij mee naar zijn huis om een grote schuur op te ruimen. Zwart werk. Hij stelde me voor aan zijn vrouw, maar niet als Nummer Elf. 'Wat is jouw naam ook alweer?' zei hij beleefd. Ik gaf zijn vrouw een hand. 'Elf', zei ik. Ik kon duidelijk zien dat de man in verlegenheid was gebracht. 'Je naam klinkt als een nummer', zei de vrouw glimlachend.
>
> *Rodaan, voorheen al Galidi, is dichter en schrijver, afkomstig uit Irak. Hij woont sinds 1998 in Nederland en heeft als een van de 30.000 een verblijfsvergunning dankzij het generaal pardon*

Dit gebrekkige loopbaanperspectief is inherent aan de vluchtsituatie. Uit noodzaak vertrekken uit eigen land op een ongekozen tijdstip impliceert dat men zich niet eenduidig kan richten op een loopbaan in Nederland. De banden met het achterland zijn vaak nog sterk en dit geldt met name wanneer familieleden achterblijven. Is terugkeer mogelijk en zo ja, op welke termijn? Dit zijn slopende processen, waarvan autochtonen zich de reikwijdte nauwelijks kunnen voorstellen.

Anderen lijden dermate onder hun klachten en problemen ten gevolge van geweldservaringen dat zij überhaupt niet aan werken toekomen. Slechts 35% van de vluchtelingen heeft een betaalde baan (SZW, 2003). Vooral bij vrouwen is de arbeidsparticipatie laag.

Bij sollicitaties zijn kennis en vaardigheden moeilijk te beoordelen door Nederlandse professionals. Diploma's van immigranten worden dikwijls lager gewaardeerd dan in het land van herkomst. Hun diploma's – vaak met veel inspanningen van een hele groep behaald – blijken in Nederland niet te leiden tot de verwachte ingang in de samenleving. Veel hoger opgeleide vluchtelingen ervaren een forse val in status, hetgeen kan leiden tot woede op Nederlandse instanties en perspectiefverlies. Het gevolg is een krenking die het zelfbeeld beschadigt.

4.4 Werkloosheid

Onderzoek van het SCP toont aan dat momenteel in Nederland drie miljoen mensen tussen de 15 en 65 jaar geen werk hebben (SCP, 2008). 90% van deze mensen zegt echter wel te willen werken. Geld verdienen blijkt hierbij niet de belangrijkste drijfveer: het leggen van sociale contacten en een zinvolle tijdsbesteding zijn de belangrijkste redenen om te willen werken. Onderzoek onder werkgevers brengt weinig aanmoedigende informatie naar voren als het gaat om de bereidheid migrantensollicitanten aan te nemen. Door de negatieve beeldvorming rondom migranten in de laatste jaren zijn werkgevers huiveriger geworden zoals blijkt uit onderzoek van de Diversiteitsbarometer van Volkskrant Banen en GITP (2008).

Speciale projecten worden in het leven geroepen om hoger opgeleide migranten aan een baan te helpen, zoals het Servicepunt HOA (Hoger Opgeleide Allochtonen), een initiatief van het Centrum voor Werk en Inkomen (CWI) en Forum (Instituut voor Multiculturele ontwikkeling). Dit servicepunt richt zich ook op werkgevers die een diversiteitsbeleid voeren.

4.5 Solliciteren

Bijna alle migranten zullen het erover eens zijn dat het voor een migrant moeilijker is om een betaalde baan te vinden. Solliciteren wordt vaak als een marteling gezien en een opeenstapeling van afwijzingen. 'Ik heb driehonderd brieven geschreven en ben niet één keer uitgenodigd!' verzucht een cliënt uit Irak.

Als zij eenmaal worden uitgenodigd, wacht hun de volgende val. De gebruikelijke instrumenten tijdens assessmentprocedures zijn gevalideerd op een Nederlandse populatie en het is bijna onmogelijk om te voldoen aan de gestelde eisen. Ook wanneer zij inmiddels het Nederlands goed hebben leren spreken, worden de kwaliteiten van migranten onvoldoende op waarde geschat. Een verantwoord gebruik van tests bij assessment wordt door veel professionals nog onvoldoende onderkend en in de praktijk gebracht (Seddik, 2005). De professionals, die een oordeel of weging geven aan deze uitslagen, dienen zich bewust te worden van hun eigen vooroordelen en stereotypen. Positieve actiemaatregelen zijn alleen zinvol wanneer ze samengaan met strenge ingangs- en prestatie-eisen voor iedereen.

Dit is echter gemakkelijker gezegd dan gedaan: uit sociaalpsychologisch onderzoek komt naar voren dat ons gedrag niet alleen wordt bepaald door reflectieve, maar ook door impulsieve systemen. Onze impulsieve systemen zijn gebaseerd op associaties, die ons gedrag niet intentioneel kunnen beïnvloeden. Dit betekent in de praktijk dat wij ons onbewust laten leiden door deze associaties en deze spelen dus een rol bij ons overte gedrag. Een onderzoek uit Nijmegen toont aan dat de autochtone Nederlandse proefpersonen verschillend reageren op het zien van virtuele gezichten van autochtonen dan virtuele gezichten van Marokkaanse Nederlanders. Dit toont aan dat impliciete associaties kunnen leiden tot niet-intentionele discriminerende responsen (Dotsch & Wigboldus, in press).

Daar komt nog bij dat veel migranten bij sollicitaties de in Nederland gebruikelijke codes te weinig kennen en dus ook niet in de praktijk brengen. Ook al spreekt men de taal heel redelijk, kleding en omgangsvormen zijn vaak onbewust en niet uitgesproken een reden tot afwijzing. Kortom, de stijl van presenteren van de kandidaat sluit niet aan bij de verwachtingen van de werkgever in spe. Sollicitanten spreken van vele sollicitatiepogingen en lopen mogelijk tegen steeds dezelfde (onuitgesproken) redenen voor afwijzing aan.

Het netwerk van veel migranten is doorgaans zodanig beperkt dat zij niet in de gelegenheid zijn om zich geleidelijk aan de Nederlandse codes eigen te maken. De mogelijkheden om gesettelde Nederlanders te leren kennen worden gezien als beperkt: 'De gordijnen zijn open, maar de voordeur blijft dicht' is in dit kader een cynische uitspraak.

Persoonlijke coaching tijdens het sollicitatieproces
Omdat het netwerk van migranten beperkt is en ook blijft in veel gevallen, pleit dit gegeven voor een heel persoonlijke coaching tijdens het sollicitatieproces. Deze vorm van coaching is te realiseren in de Centra voor Werk en Inkomen. Werklozen kunnen op deze manier hun capaciteiten beter leren 'verkopen', zodat hun kans op een baan toeneemt. Het gaat hierbij meer om gedetailleerde aandacht voor codes en stijl van presenteren (tot lichaamsgeur toe), dan inhoudelijke kennis over een bepaalde functie. Vooral voor nieuwkomers op de arbeidsmarkt is dit een belangrijke bron ter voorkoming van frustraties.

Zelfwaardering en zelfbeeld van de sollicitant lopen vaak de ene na de andere knauw op, in veel gevallen met een depressie als resultaat: de eer van de groep is aangetast, omdat deze persoon zijn eigen achterban teleur moet stellen.

Tal van organisaties bieden verschillende vormen van coaching: zo worden hoogopgeleiden, die meestal in witte voorstadswijken wonen – Nederland is een multiculturele samenleving – ingeschakeld om jongeren op persoonlijke basis onder hun hoede te nemen. In som-

mige gemeenten zoals Amsterdam en Tilburg worden op zondagmorgen lessen georganiseerd, waar hoogleraren pro deo lesgeven. En dat vinden zij nog leuk ook!
Internationale studenten krijgen ook graag persoonlijke coaching: www.uaf.nl.

Gezondheid van migranten 5

Mens sana in corpore sano

De Nederlandse gezondheidszorg wordt in dit hoofdstuk benaderd vanuit intercultureel perspectief: wat leidt tot uitsluiting en aansluiting? Een aantal gezondheidsklachten en -problemen, zoals trauma, depressie, schizofrenie en zelfdoding, wordt in migratiecontext besproken.

Cultuur en gezondheidszorg kunnen niet zonder elkaar. In elke samenleving is de gezondheidszorg op een of andere manier georganiseerd. Cultuur beïnvloedt klachten, hulpvraag, oplossingen en de relatie tussen cliënt en professional. Toegang tot zorg hangt samen met culturele kenmerken, opleiding en inkomen. Zo heeft bijvoorbeeld 28% van alle Marokkaans Nederlandse vrouwen geen enkele opleiding tegenover 1% van de autochtonen.

De hulpverwachting van migrantencliënten is eveneens divers en varieert van 'help me te zien wie ik ben' tot 'ik ben gestuurd en wil niets'. Vaker dan bij autochtone cliënten zien we bij migranten dat zij zich passiever en afhankelijker opstellen naar de professional. Tegelijkertijd is de problematiek complexer en moeilijker oplosbaar.

Migranten hebben een achterstand op het gebied van gezondheid. Zij zijn vaker ziek en ervaren hun gezondheid als minder goed. Tot nu toe is echter geen systematisch onderzoek uitgevoerd naar de gezondheidstoestand van migranten in Nederland (Nieuwenhuizen, 2003). Uit de verschillende deelonderzoeken komt naar voren dat er grote verschillen bestaan tussen de diverse migrantenbevolkingsgroepen. Een paar voorbeelden:

De prevalentie van hart- en vaatziekten is lager bij Turkse en Marokkaanse Rotterdammers dan bij autochtone Nederlanders. Dit hangt waarschijnlijk samen met een ander voedingspatroon bij deze bevolkingsgroepen (Brandt, 2003). Chronische ziekten zoals darmstoornissen komen vaker voor bij Turkse en Marokkaanse Rotterdammers.

Hindoestaanse Surinamers in Rotterdam hebben weer vaker diabetes (Huiskamp et al., 2001).

In Amsterdam-Zuidoost is een vergelijkbaar onderzoek uitgevoerd door het Academisch Medisch Centrum (AMC), het SUNSET-onderzoek: Surinamers in Nederland, studie naar gezondheid en etniciteit. Alle deelnemers waren tussen 35 en 60 jaar oud (Creolen, autochtone Nederlanders en Hindoestanen). De resultaten worden alarmerend genoemd door onderzoeker Bindraban van het AMC: 'Van de Hindoestanen tussen 35 en 45 jaar heeft 20% al diabetes. Op hogere leeftijd loopt dit op tot meer dan de helft.' Preventie in de vorm van leefstijladviezen is echter (nog?) niet afgestemd op deze bevolkingsgroep (Seignette, 2006).

Op gynaecologisch gebied wegen de culturele implicaties rondom infertiliteit, zwangerschap en moederschap zeer zwaar. In een collectieve cultuur is het belang van nageslacht diep ingebed en kinderloosheid is vaak een drama met grote gevolgen voor betrokkenen. Een ziekte zoals genitale tuberculose met weinig specifieke symptomen, is in Nederland een zeldzaamheid, maar niet in tuberculose-endemisch gebied (Vellekoop & Roumen, 2008). Dood door zwangerschapsvergiftiging komt bij zwangere migranten uit Afrika ten zuiden van de Sahara drie keer vaker voor dan bij autochtone vrouwen in Nederland, zo blijkt uit onderzoek. In het kraambed sterven in Nederland meer vrouwen dan vroeger: 12,1 per 100.000 in de periode 1993-2005 tegen 9,7 in de periode 1983-1992. Een van de verklaringen voor deze verhoogde mortaliteit is het feit dat het aantal migrantenvrouwen in deze twee decennia is toegenomen en dat zij vaak te laat hulp zoeken. Taalproblemen kunnen ertoe leiden dat niet op het juiste moment de juiste behandeling wordt geïndiceerd.

Turkse en Marokkaanse Nederlanders zoeken minder snel reguliere hulp, omdat zij meer schaamte ervaren rondom de klachten, eerder stigmatisering ondervinden in de eigen gemeenschap, de problemen liever in eigen kring willen oplossen en een hogere drempel ervaren naar de hulpverlening (Verstraten & van Halen, 2006).

Verschil in gezondheidsbeleving is ook terug te voeren op de lagere sociaaleconomische positie van migranten, die samengaat met de veelal slechtere woon- en arbeidssituatie en lagere scholing. Dit wordt in stand gehouden door de communicatieproblemen en een beperkter sociaal netwerk.

Tegelijkertijd kunnen de verklaringen die migranten zelf geven aan hun klachten, nogal verschillen van de hier vigerende verklaringen ten aanzien van ziekten. De verklaringsmodellen van klachten verschillen bij migranten en professionals samenhangend met leeftijd, sekse, burgerlijke staat, opleiding en land van herkomst. Een synthese van de verschillende culturele opvattingen geeft beter richting aan het hulpzoekgedrag van de cliënt en oplossingen voor het probleem. Helaas schiet de kennis van professionals over specifieke gezondheidsrisico's nogal eens tekort (Hijmans van den Bergh, 2002).

'Geestelijke stoornissen' hebben binnen verschillende culturen uiteenlopende en veranderende betekenissen en komen verhoudingsgewijs bij migranten meer voor dan bij autochtone Nederlanders (Trinidad et al., 2005). In ieder geval dienen psychotische symptomen vanuit intercultureel perspectief te worden benaderd. Deze wijken af van de reguliere westerse psychiatrie: bijvoorbeeld de in Suriname bekende winti – afkomstig uit Afrika – en brua (zwarte magie) op de Antillen zijn wijd verbreid en zouden psychiatrische problemen veroorzaken. Indien een intercultureel perspectief op de juiste wijze wordt gehanteerd, sluit dit medicatie niet uit. Vaak is het taboe om over dit type klachten te praten, zodat niet altijd op het juiste moment en op juiste wijze kan worden ingegrepen (Jessurun & Raes, 2005). Een belangrijke oorzaak van deze problemen is acculturatiestress. Acculturatiestress is de spanning die wordt ervaren door mensen die in een andere cultuur leven dan waarin zij zijn opgevoed. Deze spanning uit zich in een verminderde gezondheidssituatie in de vorm van verwarring, depressie en angst, gevoelens van marginaliteit en vervreemding, pijn- en vermoeidheidsklachten en identiteitsverwarring. Factoren die van invloed zijn op de mate van ervaren stress, hangen samen met de kenmerken van het ontvangende land en de persoonskenmerken van de migrant. Biografische en psychologische factoren zijn eveneens van invloed op de mate van acculturatiestress.

Veel migrantencliënten hebben klachten als pijn en depressie en zij beschouwen zichzelf als 'ziek' in medische zin. Zij beleven hun klachten in termen van een ziekte ('disease'), een technisch concept waarbij een bepaalde geneeswijze hoort, die in de handen van de medicus ligt. In de meeste gevallen hangen de klachten nauw samen met onwelbevinden, hetgeen waarschijnlijk terug te voeren is op de psychosociale situatie waar de cliënt zich op dat moment in bevindt ('illness'). Dit is een existentieel concept, dat veeleer gericht is op belangrijke anderen. Bij uitblijven van een medische verklaring van de klachten, blijven cliënten lange tijd zoeken naar 'genezing', hetgeen klachten en welzijn evident niet ten goede komen. In veel gevallen worden alternatieve genezers of artsen in het land van herkomst geconsulteerd.

Zo blijkt bijvoorbeeld uit de analyses van de Rotterdamse Jeugdmonitor (RJM) dat psychisch welbevinden van Turkse jongeren, zowel in vergelijking met andere migrantenjongeren als met autochtone Nederlandse jongeren, veruit het meest ongunstig is. De resultaten laten zien dat bij jongeren met een Turkse achtergrond het frequent voorkomen van ruzie met hun ouders, regelmatig ruzie tussen ouders onderling en langdurige ziekte bij een van de ouders sterker negatief samenhangt met hun psychisch welbevinden dan bij autochtoon Nederlandse jongeren. Zij rapporteren vaker dan autochtone jongeren dat zij minder goed met hun ouders kunnen praten, bij niemand terechtkunnen als zij ergens mee zitten en vaak ruzie hebben met hun ouders (Van de Looij-Jansen et al., 2003).

5.1 Migratiegebonden klachten

De gezondheidsverschillen tussen de diverse etnische groepen in Nederland hangen samen met verscheidene factoren: verschillen in gedrag of voedingsgewoonten of verschillen in genetische opmaak.
Een tekort aan zonlicht kan leiden tot rachitis en osteomalacie. Zo heeft 80% van de migrantenvrouwen in de Haagse Schilderswijk een tekort aan vitamine D12. Een versluierde diagnose, omdat deze tot voor kort betrekkelijk onbekend bleek bij artsen. Deze vrouwen stellen zich waarschijnlijk te weinig bloot aan zonlicht, hebben een meer gepigmenteerde huid en/of andere voedingsgewoonten. Dit leidt tot vermoeidheid en gewrichtsklachten (Wauters & Van Soesbergen, 1999; Grootjans-Geerts, 2001).

Gezondheidsproblemen die met erfelijkheid samenhangen zijn bijvoorbeeld sikkelcelanemie en thalassaemia major. Hebben alle aanstaande ouders uit de migrantengroepen, die drager kunnen zijn van deze ernstige aandoening, een preconceptioneel voorlichtingsgesprek? Sikkelcelziekte tijdens de zwangerschap kan gepaard gaan met ernstige complicaties. De begeleiding van een zwangere vrouw met sikkelcelziekte behoort plaats te vinden in een centrum met expertise op het gebied van deze aandoening (Lagro et al., 2008). De neonatale screening van pasgeborenen, die in 2007 is gestart, brengt naar voren dat ongeveer zestig kinderen per jaar met deze ziekten worden geboren (Giordano et al., 2006). Niet alleen voor de ouders maar voor alle betrokkenen is dit een te voorkomen drama. Voor meer info: www.erfelijkheid.nl en www.sikkelcel.nl. Deze sites zijn prachtige voorbeelden van informatieverstrekking toegesneden op migranten.

Gezondheidsproblemen in verband met erfelijke aandoeningen worden versterkt door de endogamie bij migranten afkomstig uit landen rondom de Middellandse Zee (Evenblij, 2002). Voor meer informatie: www.cousincouples.com.

Onderstaande lijst is een opsomming van aandoeningen die relatief meer bij migranten voorkomen dan in de Nederlandse standaardpopulatie:
- alfathalassemie;
- Behçet, ziekte van;
- Berger, ziekte van;
- bètathalassemie;
- Canavan, ziekte van;
- Christmas disease (factor IX deficiency);
- Crohn, ziekte van (afwijkingen locus nod2 en card15);
- colitis ulcerosa;
- coloncarcinoom;
- coronaire vaatziekten;
- mucoviscidose (taaislijmziekte);
- diabetes mellitus;
- Fabry, ziekte van;
- familiaire dysautonomie (Riley-Daysyndroom);
- familiaire Middellandse Zeekoorts;
- fanconianemie;
- Gaucher, ziekte van;
- Gierke, ziekte van;
- glucose-6-fosfaatdehydrogenasedeficiëntie;
- hypertensie;
- Machado Joseph, ziekte van;
- mammacarcinoom (brca 1 en 2);
- mucolipidose type iv (ml4);
- Niemann-Pick, ziekte van;
- fenylketonurie;
- sikkelcelanemie;
- tay-sachschoroïditis.

De hoge prevalentie van psychische aandoeningen bij bepaalde etnische groepen staat in verband met de migratie-ervaringen. Migranten afkomstig uit groepen met een sterke sociale cohesie (zoals de Turkse gemeenschap in Nederland) lopen minder risico (Selten et al., 2001a). Op een aantal veelvoorkomende problemen rondom psychische gezondheid en migratie, namelijk trauma, depressie, zelfdoding en schizofrenie, wordt hier nader ingegaan.

5.1.1 MIGRATIE EN TRAUMA

> Gabriëlle houdt mijn hand vast. 'Stil, het is voorbij', fluistert ze. Ik kijk om me heen. Kale witte muren. Ik voel een hard, hoog bed. Ik ruik ziekenhuizen. Ik weet het. Abortus. Narcose. Dokter. Bloed. Pijn. Ik zoek naar Gabriëlles hand en duw er mijn tranen mee terug.
>
> Uit: 'Over de gekte van een vrouw' van Astrid Roemer

Een zoetwatervis is geen zoutwatervis: we kunnen niet uitgaan van het individu zonder daarbij zijn omgeving te betrekken.
Bij migranten – in het andere zwemwater – is de omgeving (het externe kader) sterk verschillend van het interne kader (waarden, normen, regels en levenservaringen) door de veranderde omgeving en culturele context, waardoor de kans op onwelbevinden mogelijk of waarschijnlijk toeneemt. Sommige patiënten vertellen letterlijk dat hun klachten als sneeuw voor de zon verdwijnen, wanneer zij in het vliegtuig zitten op weg naar het land van herkomst (terug naar het bekende zwemwater). Het interne kader van migranten en de reacties hierop in termen van (on)welzijn hangen samen met de psychosociale omgeving van de 'condición migrante' (Bennani, 1980).
Het andere 'zwemwater' van de migrant brengt met zich mee dat veel migranten klachten ervaren: migratiestress leidt mogelijk tot somatisatie. Dit zal nader onderzocht moeten worden. Migratie is veel ingrijpender dan wij gewoon zijn te denken, dit nog los van de redenen waarom mensen besluiten te migreren.
Migreren en zich vestigen in een ander land (soms gedwongen) hebben invloed op de gezondheid. Migratie op zichzelf wordt beschouwd als een vorm van stress (Knipscheer & Kleber, 1998). De wijze van migreren en de gevolgen van migratie worden als ingrijpende veranderingen beleefd, waarbij het verwerken van verlies en familiesteun een moeizaam proces kan zijn. Daarnaast komen de meeste migranten en vluchtelingen in het immigratieland in een ongunstige sociaaleconomische positie terecht. Een negatieve migratiecontext kan hen kwetsbaar maken en vatbaar voor traumatisering.
De psychoanalyse beschouwt migratie als een heftige schok, een inbraak en verstoring van de hele organisatie van het individu. Nathan (1986) gaat in zijn conceptualisatie een stap verder en introduceert het concept 'migratietrauma' (*traumatisme migratoire*). De balans tussen het externe en interne kader is onontbeerlijk om de externe realiteit te

decoderen. Voor Nathan is migratie altijd een traumatische gebeurtenis, omdat die het evenwicht tussen het externe en interne culturele kader verbreekt. Door deze totale verandering kunnen migranten en vluchtelingen schokkende gebeurtenissen in de postmigratie als zeer ingrijpend ervaren. Men kan in dit verband spreken over kwetsbaarheid ten gevolge van de migratie.
Een zoetwatervis is niet voor niets een zoetwatervis.

Posttraumatic embitterment disorder (PTED)
In het Turkse tijdschrift voor Psychiatrie (Türk Psikiyatri Dergisi) doet een psychiater het voorstel voor een nieuwe diagnostische categorie: het posttraumatische verbitteringssyndroom. 'Hayata küsme' in het Turks en 'verbittering' in het Nederlands verwijst naar gevoelens van levensmoeheid, gebrek aan zelfvertrouwen en vijandigheid. Verbittering treedt veelal op wanneer mensen zichzelf slachtoffer vinden en is een reactie op bijvoorbeeld langdurige werkloosheid.
Migranten zijn vaak depressief, waarbij lichamelijke klachten op de voorgrond staan. Dit gaat in de regel gepaard met vermoeidheid en sociale isolatie. De aanloop hiertoe zijn negatieve – maar geen levensbedreigende – gebeurtenissen, die zich niet dagelijks voordoen zoals ontslag en discriminatie. Een ongeval op het werk, een zieke in de familie of een probleem met een kind kan ertoe leiden dat de weerbaarheid van iemand sterk achteruit gaat. De luxerende gebeurtenis is niet ernstig genoeg om te kunnen spreken van een trauma en de individuele symptomen worden in de gezondheidszorg vaak opgevat als simulatie. Dit leidt ertoe dat de cliënt zich onbegrepen en alleen voelt, hetgeen samengaat met een toegenomen gevoel van hostiliteit. Turkse migranten, die in groten getale als gastarbeider naar Europa trokken, hebben jarenlang gewerkt in slechte omstandigheden tegen een relatief laag loon. Zij hebben hun droom van terugkeer niet waar kunnen maken en worden zowel in Europa als Turkije als buitenlanders beschouwd. Zelfs door hun eigen kinderen worden zij vaak niet begrepen. Veelvuldige negatieve ervaringen leiden tot een gevoel de greep op het leven en de betekenis van het leven te verliezen (Schippan et al., 2004).
Dit proces dat samengaat met verbittering, gevoelens van onrechtvaardigheid en fobische symptomen, kan het beste als PTED omschreven worden (Hasanoglu, 2008). Deze diagnose zou het midden vormen tussen de posttraumatische stressstoornis en aanpassingsstoornissen.
De beschrijving van dit syndroom doet akelig veel denken aan de

ervaringen van de Duitse undercoverjournalist Günter Wallraff, zoals beschreven in de bestseller van de jaren tachtig *Ik Ali*.

Remigratie
Cultuur is een referentiekader dat iemand in de loop van zijn leven opbouwt door zijn eigen ervaringen. Dat kunnen de waarden en normen zijn van het thuisland, maar evenzo de ervaringen in het gastland, de sociale positie waarin iemand verkeert en de toekomstperspectieven. Het individu bouwt dit referentiekader op unieke wijze zelf op en de uitdaging ligt in het leren kennen van deze individuele cliënt. Simpel gezegd: in het ontvangende land bouwt de migrant er een stukje nieuwe identiteit bij. Dit brengt met zich mee dat de remigrant – de vis gaat terug naar het vroegere zwemwater – niet per definitie weer in dit zwemwater past, integendeel. Dit wordt vaak als volgt onder woorden gebracht: 'Ik hoor nergens meer bij,' of: 'Als ik hier ben, wil ik daar zijn en andersom.'

Het voorgaande betreft de diepgaande invloed van verandering van zwemwater door de (re)migratie teweeggebracht. Daarnaast komen de gebeurtenissen die aanleiding zijn geweest tot het besluit te gaan migreren of vluchten. Oorlog en geweld laten diepe sporen in een mens achter. Deze pijnlijke ervaringen worden niet vergeten en zijn van invloed op emoties en het totale functioneren.

Posttraumatische stressstoornis (PTSS)
Traumatische gebeurtenissen hebben een grote impact op het leven van mensen. Sommige slachtoffers kunnen op eigen kracht het trauma verwerken, terwijl anderen klachten ontwikkelen en ziek worden. Naar aanleiding van traumatische gebeurtenissen in combinatie met genoemde symptomen is sprake van een posttraumatische stressstoornis volgens de DSM-IV-classificatie (PTSS).

Ongeveer 8% van de volwassen bevolking lijdt aan een posttraumatische stressstoornis. Vluchtelingen hebben in veel meer gevallen PTSS: de migratie zelf is in veel gevallen traumatiserend naast de redenen waarom mensen besluiten huis en haard te verlaten (Pharos, 1994).

Eye Movement Desensitization and Reprocessing (EMDR)
Het begrip trauma is ingewikkeld, omdat sommigen een trauma op eigen kracht kunnen verwerken, terwijl anderen last krijgen van emotionele klachten. Traumabehandeling richt zich op klachten als slaapproblemen door nachtmerries, herbelevingen en een hoge mate van spanning, alertheid, vermijding en prikkelbaarheid. Aangezien

migranten en vluchtelingen vaak getraumatiseerd zijn, is het van eminent belang ook aan hen een adequate traumabehandeling te kunnen aanbieden. De vraag is of de ggz hierop is voorbereid. Een trauma is namelijk altijd op een of andere manier cultureel ingebed. De klachten en problematiek zijn altijd nauw verweven met de cultuur van herkomst, welke deze herkomst ook is. Om deze groep cliënten een adequate traumabehandeling te kunnen aanbieden, zullen traumaspecialisten nieuwe competenties moeten aanleren. Naast andere therapievormen wordt EMDR steeds vaker ingezet bij de behandeling van getraumatiseerde mensen.

EMDR ('door oogbeweging minder gevoelig worden en opnieuw verwerken') is een betrekkelijk nieuwe methode voor de behandeling van de posttraumatische stressstoornis en andere aan trauma gerelateerde psychopathologie, zoals verschillende stemmings- en gedragsstoornissen (Shapiro, 2002; De Jongh & Ten Broeke, 2003). De methode is inmiddels geaccepteerd als een van de meest efficiënte technieken om mensen met traumatische ervaringen te helpen. EMDR is ook te overwegen voor andere ervaringen, die diepgaande invloed hebben op de emotionele ontwikkeling zoals pesterijen of krenkingen in de jeugd, die in het hier-en-nu nog steeds een negatieve invloed hebben, een complex trauma.

EMDR betreft een gestructureerde en geprotocolleerde vorm van psychotherapie, die tot doel heeft de verwerking van herinneringen aan identificeerbare traumatische ervaringen te faciliteren. Tijdens een EMDR-sessie wordt teruggekeken naar een onaangename herinnering zoals naar een foto, waarbij emotionele spanning ontstaat ('arousal'). Gekoppeld aan een gedachte ('negatieve cognitie') wordt de spanning gedesensitiseerd door oogbewegingen die worden gemaakt door de vingers van de therapeut te volgen. Als de spanning helemaal weg is, kan een positieve cognitie worden geïnstalleerd. Het bijzondere van EMDR is dat deze methode opvallend snel leidt tot blijvende veranderingen bij de cliënt, op voorwaarde dat stipt volgens protocol wordt gewerkt.

EMDR wordt sinds een aantal jaren algemeen toegepast in Nederland. Hoewel er nog steeds sceptici te vinden zijn – ook onder professionals – laat behandeling met EMDR in gecontroleerde effectstudies goede resultaten zien. Een Nederlandse richtlijncommissie onder auspiciën van het Trimbos-instituut (Landelijke stuurgroep multidisciplinaire richtlijnen in de GGZ, 2003) (De Jongh & Ten Broeke, 2008) kwam tot de conclusie dat EMDR beschouwd moet worden als een 'eerstekeusbehandeling' voor die vorm van PTSS die het gevolg is van een eenmalige beschadigende ervaring. Inmiddels is EMDR opgenomen in diverse richtlijnen voor de behandeling van angststoornissen, waaronder de recente Nederlandse multidisciplinaire richtlijn (De Jongh & Arts, 2004).

De toepassing van EMDR bij migranten is echter nog geen vanzelfsprekende interventie. Analoog aan de ervaringen met andere behandelmethoden zoals cognitieve gedragstherapie en systeemtherapie wordt de EMDR-therapeut geconfronteerd met de problematiek rondom culturele betekenis en de invloed van psychosociale stressoren bij een migrantencliënt. Op dit moment is geen wetenschappelijk onderzoek bekend, waarin EMDR is onderzocht bij migranten. De ervaringen in de praktijk met EMDR bij laagopgeleide migrantencliënten worden tot nu toe – zelfs door zeer ervaren EMDR-therapeuten – als 'weinig succesvol' omschreven. Uit lopend onderzoek zal moeten blijken of EMDR, eventueel in aangepaste vorm, ook voor de doelgroep migranten een uitkomst kan bieden.

Casus
Elvira is 56 jaar, getrouwd en moeder van drie volwassen kinderen. Zij is als kind vanuit Curaçao naar Nederland gekomen met haar ouders. Zij heeft Spaans gestudeerd en werkte in het onderwijs, totdat kanker in darmen en lever wordt geconstateerd. Verschillende ziekenhuisopnames volgen en zij moet geopereerd worden, waar zij vreselijk tegenop ziet. Eén sessie EMDR brengt haar rust: het targetbeeld is gericht op een situatie tijdens haar hospitalisatie (zij ligt in een ziekenhuisbed met haar vriendin aan haar zijde en zij praten over haar mogelijke dood).
Wanneer Elvira kort hierna weer wordt opgenomen om de operatie te ondergaan, constateert de verpleegkundige dat haar bloeddruk minder hoog is dan de vorige keren. EMDR?

5.1.2 MIGRATIE EN DEPRESSIE

De depressieve stoornis in het algemeen wordt erkend als een belangrijke aandoening met een hoge persoonlijke en maatschappelijke ziektelast (Van der Wurff et al., 2004; De Graaf et al., 2005). Depressie komt onder Turkse en Marokkaanse migranten meer voor dan onder autochtone Nederlanders. Dit wordt in verband gebracht met de migratie, discriminatie, verlies van status en gezag en een botsing tussen de waarden en normen in de Nederlandse samenleving en het land van herkomst.
Depressie heeft cultuurspecifieke en seksespecifieke kenmerken. De

wijze waarop klachten gepresenteerd worden, kunnen zodanig zijn dat een depressie niet wordt opgemerkt. Dit kan leiden tot medische onderzoeken die weinig zullen opleveren. In veel gevallen is sprake van co-morbiditeit. De vraag is ook wat wij een depressie noemen. Zo werden in Japan voor de introductie van de Amerikaanse farmacologische bedrijven zaken als droefheid en gelatenheid beschouwd als positieve kenmerken van wijsheid en morele gevoeligheid. De 'depressie' als ziekte moest als het ware eerst geïmporteerd worden (Dehue, 2008).

Sekse- en cultuurverschillen spelen een rol bij de klachtenpresentatie, diagnostiek, de relatie cliënt en therapeut en de doelstellingen van een behandeling (Noordenbos, 2007). Het is belangrijk aandacht te schenken aan de non-verbale presentatie. Doorvragen naar de verklaring die cliënt zelf geeft over zijn klachten is belangrijk. Mannen kunnen bijvoorbeeld onderrapporteren en rust en tijd om tot een gesprek te komen zijn dan extra belangrijk. Vrouwen praten veel gemakkelijker over hun emoties, zodat depressie bij hen mogelijk sneller wordt vastgesteld. Een ander verschil tussen de seksen betreft coping, waarbij mannen vaker hun spanningen naar buiten brengen en vrouwen aan zichzelf gaan twijfelen. Vrouwen afkomstig uit een mediterrane cultuur hebben vaker een 'driedubbele' zorgplicht: voor hun man, kinderen en (schoon)ouders. Onvrede in het huwelijk is een belangrijke stressor. Migrantenvrouwen lopen een groter risico om slachtoffer te worden van huiselijk geweld. Traumatische ervaringen leiden vaak tot depressie en ook mannen kunnen seksueel getraumatiseerd zijn. Schaamte maakt het voor hen nog moeilijker om hierover te praten. De uitweg in de alcohol als coping wordt binnen de migrantengroepen (islam) minder toegepast.

De ervaring is dat bij therapie mannen gemakkelijker afhaken dan vrouwen. Mogelijk hebben zij hogere verwachtingen. Het blijkt voor hen moeilijker om over persoonlijke ervaringen te praten en zij leggen minder snel een verband tussen de depressieve klachten en de achtergrondfactoren, zodat de kans op terugval ook groter is. Het is dus belangrijk om verwachtingen van een behandeling snel helder te krijgen. Informatie over de medicatie is essentieel. Om drop-out te voorkomen dient de cliënt te weten wat hij zelf moet veranderen in zijn coping om de kans op terugval te verkleinen.

Wetenschappelijk onderzoek heeft aangetoond dat het effect van hardlopen bij depressie sterker is dan van een antidepressivum (Zoloft®): na vier maanden verschillende behandeling werd na tien maanden opnieuw het effect gemeten: de hardloopgroep voelde zich voor 92% helemaal goed; in de groep met het antidepressivum had

een derde van de deelnemers een terugval (Babyak et al., 2000). Een andere studie bewijst dat jeugd en een goede gezondheid geen voorwaarden zijn om een gunstig effect te verwachten bij meer beweging: drie keer per week stevig lopen had na vier maanden hetzelfde effect als een antidepressivum bij mensen tussen 50 en 80 jaar oud met stemmingsklachten (Blumenthal et al., 1999).
Een 'decision aid' op de site kiesbeter.nl informeert Turkse en Marokkaanse Nederlanders met een depressieve stoornis over de behandelopties (Rabbae et al., 2008).

5.1.3 MIGRATIE EN ZELFDODING

Door de verbeterde mogelijkheden om gegevens van het CBS te koppelen aan andere registers kunnen de verschillen in zelfdoding tussen de belangrijkste migrantengroepen in Nederland in kaart gebracht worden. Een aantal resultaten van onderzoek (Garssen et al., 2006):
- Suïcidecijfers voor de Turkse en Marokkaanse Nederlanders bleken onder het autochtone gemiddelde te liggen, terwijl deze cijfers bij Surinaamse Nederlanders boven het autochtone gemiddelde liggen. Ter verklaring van de sterk verhoogde cijfers bij migranten van Surinaamse afkomst worden verschillende factoren aangevoerd:
    • aan druggebruik gerelateerde schizofrenie;
    • migratie van een collectieve naar een individualistische samenleving kan leiden tot een identiteitscrisis;
    • de teleurstelling over de mogelijkheden om in de Nederlandse samenleving een plaats te verwerven.
- Jonge niet-westerse migranten plegen vaker suïcide dan jonge autochtonen. Het hogere sterftecijfer bij migrantenjongeren hangt hiermee samen. Dit is waarschijnlijk het topje van de ijsberg als het gaat om de problemen waar migrantengroepen zich voor gesteld zien.

In dit kader is het van groot belang ook de pogingen tot suïcide bij migranten te noemen, een veelvoud van het aantal feitelijke suïcides. Achter elke poging tot zelfdoding gaat een wereld van ellende schuil, die zich vaak al jaren voortsleept. In Den Haag is geconstateerd dat het aantal suïcidepogingen bij Surinaamse, Turkse en Marokkaanse meisjes hoger ligt dan bij de autochtone meisjes (Schudel et al., 1998). In Rotterdam hebben de Turks Nederlandse meisjes de meeste problemen (Huiskamp et al., 2001). In heel Nederland komen pogingen tot zelfdoding verhoudingsgewijs veel voor bij Hindoestaanse en Turkse jonge vrouwen (Gezondheidsmonitor Den Haag, 2006). Een verklaring zou kunnen liggen in het feit dat jonge meisjes van Turkse en Hindoestaanse afkomst (meer dan Marokkaanse meisjes) geconfronteerd worden met het contrast tussen een strenge, traditionele thuiscultuur en de vrijere omgangsvormen buitenshuis (De Vries, 1987). Door deze gegevens zien onderzoekers en therapeuten hoeveel er nog te leren valt over wat zich achter sommige voordeuren afspeelt. Ze zijn van groot belang voor onderwijsinstellingen en ggz om effectieve preventieprogramma's op te zetten.

5.1.4 MIGRATIE EN SCHIZOFRENIE

Onder schizofrenie wordt niet een 'gespleten' persoonlijkheid verstaan, maar een gespletenheid tussen het willen, denken en voelen. De eerste publicaties van Selten et al. (2001b) over een sterk verhoogde incidentie van schizofrenie bij migranten werden in een bepaalde kring aanvankelijk met ongeloof ontvangen. 'Schizofrenie is toch een echte ziekte', het onderzoek zou niet goed zijn uitgevoerd, 'altijd weer die Marokkanen' zo luidden de reacties. Deze kritiek is inmiddels verstomd en omgeslagen in een langzaam maar zeker doordringend besef van de ingrijpendheid van migratie en acculturatie als cliëntvariabele en discriminatie als gastlandvariabele.

In Nederland lopen Marokkaanse mannen van de eerste generatie een vijf keer zo hoog risico op schizofrenie als autochtonen; voor de tweede generatie is dat risico zeven keer zo hoog. Bij Surinaamse en Antilliaanse Nederlanders is dat risico twee tot vier keer zo hoog; bij Turkse Nederlanders twee keer (Veling et al., 2006).

De interpretatie van de bevindingen betreffende verhoogde risico's onder Surinaamse, Antilliaanse en Marokkaanse immigranten is als volgt omschreven:

a Verhoogde incidentie in het land van herkomst: het Tienlandenonderzoek van de WHO vond geen belangrijke verschillen in de incidentie van schizofrenie wereldwijd en onderzoeken in het Caribische gebied vonden een 'normale' incidentie (Mahy et al., 1999).

b Selectieve migratie van personen die genetisch gepredisponeerd zijn om de stoornis te ontwikkelen: selectieve migratie is niet waarschijnlijk gezien het feit dat meer dan een derde van de in Suriname geboren bevolking nu in Nederland woont (Harmsen et al., 1991). Daarnaast is schizofrenie niet uit Suriname verdwenen (Bogers & de Jong, 1998). De meeste patiënten werden door hun ouders naar Nederland gebracht.

c Omgevingsfactoren in West-Europa, die de aandoening luxeren bij personen, die genetisch 'at risk' zijn (Selten et al., 2001): het verhoogde risico voor migranten van de eerste en tweede generatie in termen van omgevingsfactoren is nog twijfelachtig in dit onderzoek

(2001). De spanningen die samenhangen met het acculturatieproces zijn het grootst voor migranten uit niet-westerse landen. Het proces van verwesterlijking gepaard gaande met uiteenvallen van families, kan schizofrenie luxeren bij mensen die een genetisch risico lopen. Deze diagnose betekent in de praktijk een 'sociale dood' en deze derde verklaring wordt steeds meer als hoofdoorzaak gezien voor het ontstaan van schizofrenie.

Het proefschrift van Wim Veling (2008) lijkt deze derde veronderstelling te ondersteunen: assimilatie vergroot de kans op schizofrenie (Van Santen, 2008). In de meeste Haagse wijken hebben migranten een 2,4 keer zo grote kans op psychose als gemiddeld onder autochtone Hagenaars. In de zwarte wijken Transvaal en de Schilderswijk, waar meer dan 80% van de inwoners migrant is, is dat effect verdwenen (Veling et al., 2008):
'Minderheden hebben vaak een bedreigde identiteit. Dan zijn er twee strategieën om je zelfbeeld, je zelfvertrouwen te herstellen. Je verlaat die minderheid en sluit je aan bij de meerderheid. Maar dat lukt niet gemakkelijk. De andere reactie is: "ik ben blij dat ik bij die minderheid behoor" zoals de Black-is-beautifulbeweging in de Verenigde Staten. Blijkbaar hebben mensen die ziek geworden zijn, vooral geprobeerd aansluiting bij de meerderheid te vinden.'

'Uitsluiting maakt ziek', zo kopt PSY, het tijdschrift over geestelijke gezondheid en verslaving in december 2007. Bilal B. was even een bekende Nederlander...
De meeste onderzoeken naar schizofrenie zijn gebaseerd op diagnostiek volgens de DSM of de International Classification of Diseases (ICD). Deze classificatiesystemen zijn echter gebaseerd op de westerse praktijk (blanke Amerikaanse middenklasse) en het is de vraag in hoeverre een klachtenpresentatie vanuit een andere cultuur leidt tot eenduidige diagnostiek. Uit de gesprekken met psychiaters in Marokko bijvoorbeeld komt het volgende naar voren: wanneer zij Marokkaanse Nederlanders zien – veelal in de zomer – begrijpen zij uit de voorgeschreven medicatie dat bepaalde symptomen door Nederlandse psychiaters blijkbaar vaker als psychotisch worden gezien dan noodzakelijk naar hun inschatting.
De Cultural Formulation of Diagnosis levert een belangrijke bijdrage aan de interculturele diagnostiek (Borra et al., 2002). Hierbij worden de volgende aspecten beschreven, die waarschijnlijk leiden tot een betere diagnostiek:

- de culturele identiteit van de patiënt en zijn referentiegroep zoals taal, etnische groep en culturele achtergrond;
- de verklaringsmodellen van de patiënt en zijn omgeving ten aanzien van de klachten en de invloed van zijn cultuur hierop;
- de cultuurspecifieke sociale stressoren en sociale steun in het dagelijks leven;
- culturele elementen in de relatie tussen patiënt en professional, die samenhangen met cultuur en sociale status en de invloed op diagnostiek en behandeling;
- hoe beïnvloeden de culturele aspecten van het thuisland en het gastland de diagnostiek en behandeling.

Uit internationaal onderzoek komen de volgende cijfers naar voren: in Engeland is het risico op schizofrenie voor de tweede generatie Afro-Caribbeans negen keer zo hoog als voor autochtone Britten. In Denemarken is dit risico vijf tot twaalf keer zo hoog voor de uit Groenland afkomstige Eskimo's (Veling et al., 2006).
Grootschalige Scandinavische onderzoeken hebben in Denemarken (Pedersen & Mortensen, 2001) aan de hand van gegevens van bijna twee miljoen mensen laten zien dat de mate van urbanisatie de kansen op schizofrenie verhoogt. Een Zweeds longitudinaal onderzoek onder 2,1 miljoen mensen (Wicks et al., 2005; Hjern et al., 2004) laat zien dat de volgende factoren een risico vormen voor het ontstaan van schizofrenie (in volgorde van ernst); hoe meer van deze factoren aanwezig zijn, hoe groter de kans op de diagnose schizofrenie:
- leven van een uitkering;
- werkloosheid;
- eenoudergezin;
- lage sociaaleconomische status;
- wonen in een huurappartement.

Deze zeer uitgebreide epidemiologische studies zijn nodig geweest om de invloed van sociale factoren te ontsluieren. Deze recente studies stellen het verband tussen sociale factoren en schizofrenie opnieuw scherp aan de orde en de nadruk ligt nu meer op maatschappelijke factoren dan op familierelaties zoals in de jaren zestig en zeventig van de vorige eeuw. Armoede, verstedelijking en maatschappelijke uitsluiting worden nu beschouwd als mogelijke causale factoren voor het ontwikkelen van schizofrenie (Van Os & McGuffin, 2003). Aanvankelijk werden deze factoren toegeschreven aan de negatieve gevolgen van de ziekte zelf.
Deze studies hebben grote gevolgen voor de consensus die tot nu toe

binnen de psychiatrie heeft geheerst. Deze problematiek kan dan ook niet meer op monodisciplinaire wijze worden aangepakt, zoals ook blijkt uit de Scandinavische onderzoeken. Het is waarschijnlijk dat de schrijnende toestanden waarin veel van deze patiënten leven, niet zozeer de gevolgen zijn van deze ziekte, maar in zekere mate de oorzaak ervan (Oliemeulen & Thung, 2007).

5.2 Gezondheid van vluchtelingen

De gezondheid van vluchtelingen staat extra onder druk door het gedwongen karakter van de emigratie en de beperkte gastvrijheid in Nederland. Ook de premigratie-ervaringen zijn van belang bij ervaren stress. Wanneer zij in het nieuwe land een hoge mate van druk ervaren om snel te assimileren (lees: afstand te doen van hun oorspronkelijke identiteit), neemt de acculturatiestress in hoge mate toe.
Het is een feit dat veel migranten uit de groep 'niet-westerse allochtonen' getraumatiseerd zijn. Dictatuur, vervolging, oorlog en ellende in vele delen van de wereld – om welke redenen mensen in de regel wegvluchten – zijn traumatiserend te noemen. Ook de vlucht of migratie zelf (zoals bootvluchtelingen meemaken) is vaak levensgevaarlijk. Wat nog wel eens vergeten lijkt en door veel immigranten als meest traumatiserend genoemd wordt, zijn de soms lange jaren van onduidelijkheid over toestemming tot verblijf in de Nederlandse asielzoekerscentra.
Zo vertelt een jonge Afghaanse man, die ongeveer tien jaar in Nederland woont met zijn moeder en broers, en wiens vader zich niet mag vestigen in Nederland:
'Wij hebben in Afghanistan al heel lang oorlog; wij weten wat oorlog is, maar wat wij in Nederland hebben meegemaakt, overtreft onze ergste nachtmerrie; dit hadden wij nooit verwacht in een beschaafd land.'

Er is veel onderzoek gedaan naar de psychische gezondheid bij vluchtelingen (Van Willigen, 1995), die in vergelijking met de algemene cliëntenpopulatie veel meer last hebben van PTSS (Pharos, 1994).
Moeilijk bij dit onderzoek is het gegeven dat vluchtelingen in veel gevallen geen of te laat hulp zoeken. Velen zijn bang voor stigmatisering. In veel landen heerst een groter taboe op het uiten van psychische problemen dan in Nederland. Ook is de onbekendheid met de verschillende diensten een drempel voor veel vluchtelingen.
Dit traumatiseringsproces onderscheidt zich in drie fasen:

1 onderdrukking en vervolging in het land van herkomst;
2 de vluchteling in spe ondervindt de bedreigingen aan den lijve;
3 de vlucht en het leven in ballingschap.

Juist deze derde fase is tot voor kort in hoge mate onderschat als het gaat om het beschadigende effect. De opgelopen emotionele schade wordt vaak pas op termijn zichtbaar, waardoor immigranten in een latere fase een beroep doen op een ggz-instelling.

Traumatische herinneringen worden op een andere manier dan normale ervaringen gecodeerd en ingeprent (imprinted) in het brein. Deze traumatische inprentingen kunnen maanden, jaren of zelfs decennia later tot herbeleving komen (Van der Kolk, 2002). Ook het concentratiekampsyndroom bij Nederlandse oorlogsslachtoffers kwam pas na jaren naar boven.

Deze uitspraken sluiten aan bij de resultaten van een onderzoek van de ggz in Drenthe, waaruit blijkt dat een toestroom kan worden verwacht van de uiteindelijk na jaren alsnog gelegaliseerde immigranten. Dat zal dan grote consequenties hebben voor de ggz in deze regio (Gernaat et al., 2002). Ook deze studie toont aan dat de prevalentie van psychiatrische stoornissen – met name depressie en PTSS – aanzienlijk hoger is dan onder de algemene Nederlandse bevolking. Daaruit blijkt dat vluchtelingen zich onderscheiden wat betreft geweldservaringen in vergelijking met de gemiddelde cliënt. Traumatisering en ontworteling zijn van grote invloed op hun gezondheidsbeleving.

Een recent internationaal onderzoek (gecoördineerd door het International Centre for Reproductive Health) bij vluchtelingen en asielzoekers toont aan dat zij ook in deze status nog vaak slachtoffer zijn van geweld en dat dit geweld merendeels wordt gepleegd door onbekende, gezaghebbende personen.

5.3 Gezondheid en uitsluiting

Migranten worden of voelen zich vaak uitgesloten, een van de meest pijnlijke gevoelens. De problemen van veel tweedegeneratiejongeren worden door transcultureel psychiater Limburg-Okken als volgt onder woorden gebracht.

'Er wordt onderschat hoe discriminatie en vernedering de gezondheid kunnen ondermijnen. Vroeger werd de hoge prevalentie van (psychische) gezondheidsproblemen bij migranten vaak in verband gebracht met migratie. De oorzaak lag bij hen. Maar de oorzaak ligt vooral in het gastland. De media stellen moslims voortdurend in een negatief daglicht. Waar moet je dan nog je zelfwaardering vandaan halen? Dat went nooit. Als je steeds beledigd wordt of subtiel aan de kant gezet, kun je wantrouwig raken. In combinatie met slecht slapen of drugsgebruik kun je dingen gaan waarnemen die er niet zijn. Als het pad naar een psychose eenmaal in je hoofd is gelegd, is de kans op het ontwikkelen van schizofrenie bijzonder groot.'

PSY, 2007

Deze uitspraak betekent dat welzijn in Nederland voor heel veel tweedegeneratiejongeren moeilijk is. Niet iedereen ontwikkelt schizofrenie, maar gebrek aan welzijn leidt tot meerdere problemen. Forensisch psychiater Sidali zegt hierover het volgende.

'Als je maar lang genoeg wordt vernederd en buitengesloten, ontstaat stress. Die beïnvloedt je hormoonhuishouding in de hersenen, waardoor mensen die al vatbaar zijn voor schizofrenie een grotere kans lopen de ziekte te krijgen. Je kunt moeilijk ontkennen dat allochtonen worden gediscrimineerd. Ik maak het zelf aan den lijve mee! Ik liep een keer op het station en zag dat een man een epileptische aanval kreeg. Er stond al een politieagent bij. Ik zei dat ik arts was en de man wilde onderzoeken. De agent zei: 'Jij arts? Loop toch gauw door!' En dan zijn er nog eens al die onderzoeken die aantonen dat allochtonen de toegang tot discotheken wordt geweigerd of niet worden uitgenodigd voor een sollicitatiegesprek alleen vanwege hun achternaam. Deze jongeren zijn extra kwetsbaar, omdat ze weinig houvast hebben. Ze leven in twee werelden. Thuis moeten ze hun ouders onvoorwaardelijk gehoorzamen. De jongens moeten zich als man gedragen, macho zijn en als ze wat ouder zijn is er weinig intimiteit en wordt er weinig gecommuniceerd. Buiten het gezin moeten ze juist mondig zijn, het individu staat voorop. Dit leidt nogal eens tot conflicten met ouders. Jongeren maken zich los van de familie, maar buiten vinden ze ook geen binding. Ze kunnen daardoor in een identiteitscrisis raken en voelen zich

> gemarginaliseerd. Daar gaan ze verschillend mee om: steun bij elkaar kan leiden tot crimineel gedrag. Anderen worden radicaal moslim. Ze voelen zich eenzaam, depressief en dit kan leiden tot een psychose.'
>
> PSY, 2007

5.3.1 HOE FUNCTIONEERT DE NEDERLANDSE GEZONDHEIDSZORG VOOR MIGRANTEN?

Tot op heden is er geen systematisch onderzoek naar de mate waarin migranten gebruikmaken van de Nederlandse gezondheidszorg (Nieuwenhuizen, 2003). Ondanks hun slechtere gezondheid maken migranten niet vaker gebruik van de Nederlandse gezondheidszorg met uitzondering van de huisarts (Wansink, 2002). Wel gebruiken zij meer medicijnen (zie subparagraaf 5.3.2).

Uit een onderzoek van de Rotterdamse huisarts Harmsen bij 38 huisartsenpraktijken blijkt dat huisartsen en hun migrantenpatiënten elkaar vaak verkeerd begrijpen, waardoor medische risico's ontstaan. Onbegrip aan beide zijden van de tafel leidt ertoe dat verkeerde adviezen worden gegeven of dat doktersadviezen niet goed worden opgevolgd met alle risico's van dien.

In de ggz geldt dat de zorgconsumptie bij migranten achterblijft bij die van autochtonen (Struijs & Wennink, 2000). Er zijn echter grote verschillen tussen de diverse etnische groepen, jonge en oude migranten en mannen en vrouwen. In de intramurale ggz zijn migranten vooralsnog ondervertegenwoordigd.

De psychiater Django Sterman heeft een goed leesbaar boek geschreven met een kritische blik naar de professionele praktijk in de huidige gezondheidszorg: *Een olijfboom op de ijsberg*. Hij beschrijft dat het begeleiden van migranten gecompliceerder is dan van autochtone Nederlanders. Er zijn meerdere problemen, die tegelijkertijd een rol spelen, zoals gezinshereniging, uitkeringen, invaliditeit en huisvesting. Hij is van mening dat als hulpverlening iets wil bereiken, ook aan deze praktische problemen gewerkt moet worden. Veel psychiaters en psychologen schuiven dit liever af naar het maatschappelijk werk. Zijn boek is een pleidooi tegen de gemakzucht van veel professionals en pleit voor meer improvisatievermogen.

Dit boek is gericht op professionals die hun aanpak willen verbeteren. 'Als hulpverlener kun je de plank behoorlijk misslaan als je de culturele codes niet kent. Ik zie nog veel weerstand om cliënten van buitenlandse afkomst te behandelen. Veel therapeuten gebruiken allerlei smoesjes om hen te ontlopen. Het kost te veel tijd en extra geregel en gehannes met advocaten, tolken en gemeenten. Je krijgt lastige telefoontjes van familieleden en migranten hebben andere ideeën over afspraken. Zij komen soms niet of een dag later opdagen.' (Mesters, 1996).

Ongehoord is de naam van een studie, die een schrijnend beeld geeft van een deel van de Nederlandse gezondheidszorg: de aansluitingsproblemen bij de behandeling van psychotische patiënten uit verschillende etnische groepen. De studie is gebaseerd op interviews met patiënten van Nederlandse, Hindoestaans Surinaamse en Turkse afkomst, hun familieleden en behandelaars (Oliemeulen & Thung, 2007). Zij onderzochten hoe de geïnterviewden dachten over de psychose en de behandeling. Hun rijke verhalen werden in verband gebracht met hun culturele achtergrond, leefwereld en opvattingen over de aandoening. De resultaten laten zien dat de concrete levensproblemen van patiënten een veel belangrijker rol spelen in hun verhalen dan hun ziekte. Deze bevindingen sluiten aan bij de genoemde recente internationale studies, die het belang van levensomstandigheden aantonen bij het ontstaan van een psychose. Toch is in Nederland de behandeling doorgaans gericht op het bestrijden van symptomen met weinig aandacht voor de sociale context van de patiënt. De onderzoekers pleiten voor een minder eenzijdige aanpak, waarbij beter wordt geluisterd naar de patiënten en hun naasten.

> ***De minst toegeruste behandelaars krijgen de zwaarste patiënten toebedeeld.***
> **Stelling proefschrift Lisette Oliemeulen**

5.3.2 MEDICATIEGEBRUIK

De wens van sommige migranten om klachten medicamenteus te bestrijden, verdient alle aandacht. In veel gevallen wordt door een gebrekkige aansluiting tussen dokter en patiënt uit verlegenheid de wens voor medicatie van de cliënt ingewilligd. Zo worden als 'verlegenheidsoplossing' tal van farmaceutische producten voorgeschreven als antidepressiva, slaapmiddelen en pijnstillers: 'Paracetamol wordt werkelijk voor alles voorgeschreven'. In veel gevallen slikken migrantencliënten tegelijkertijd verschillende farmacologische producten en wie heeft het over negatieve interferentie? Een soms gebrekkige leesvaardigheid komt een en ander niet ten goede.

Vooral asielzoekers lopen door een achterstand in kennis een groter risico op onjuist gebruik van medicijnen. Gerichte voorlichting is van groot belang.

Voor islamitische cliënten is de ramadan een farmacotherapeutische uitdaging, omdat in deze vastentijd van zonsopgang tot zonsondergang in principe geen medicijnen kunnen worden ingenomen (Fijn et al., 2002).

Andere cliënten willen liever geen medicatie. Onderzoek brengt naar voren dat etnische verschillen in zorggebruik slechts gedeeltelijk samenhangen met culturele factoren. De perceptie van de huisarts en de communicatie met de migrantencliënt spelen hierbij een rol. Als verwachtingen ten aanzien van een behandeling niet duidelijk worden gemaakt, leidt dit tot non-compliance. Cliënten nemen de medicijnen minder vaak in dan zij krijgen voorgeschreven. Begrijpt de cliënt niet wat de dokter bedoelt? Wil een cliënt de medicijnen eigenlijk niet innemen en zegt hij geen nee tegen de dokter? Ook hier speelt een gebrekkige aansluiting een belangrijke rol, zodat nader onderzoek wenselijk is (Uiters, 2007).

Uit het bovenstaande kan geconcludeerd worden dat de Nederlandse gezondheidszorg vooralsnog tekortschiet in de zorg voor migranten. Dit hangt in hoge mate samen met de sociaalculturele afstand tussen de cliënt en de professional. De afgelopen decennia hebben tal van interculturele initiatieven het levenslicht gezien. Helaas bleek implementatie daarvan in beleid moeilijk.

5.4   Gezondheid en aansluiting

Door immigratie en globalisering krijgt de Nederlandse gezondheidszorg steeds vaker te maken met patiënten met een andere culturele of religieuze achtergrond. De zorg voor deze patiënten is voor hulpverleners in veel gevallen complexer dan voor de autochtoon Nederlandse patiënt wegens verschil in religie of levensbeschouwing, taalbarrière, moeizame communicatie en verschillen in medische cultuur (Obihara et al., 2008).

De verklarende modellen van klachten en ziekten van Kleinman (publicaties op het gebied van cross-cultural psychiatry) kunnen professionals van dienst zijn bij het ontwikkelen van een bredere visie ten aanzien van de verklaring die cliënten zelf hanteren om hun klachten te begrijpen. Deze kennis helpt om een betere aansluiting te realiseren met de migrantenclient. Daarnaast is het een feit dat mensen zich het beste in hun eigen taal kunnen uitdrukken. Dit geldt des te meer wanneer mensen zich vermoeid of ziek voelen, los van het feit of zij het Nederlands goed beheersen.

De laatste jaren zien we steeds meer initiatieven om migranten zorg aan te bieden in eigen taal, zoals i-Psy en Noagg in de grote steden. De effectiviteit van hun interventies zal nog moeten worden aangetoond.

5.4.1 SPORT EN BEWEGEN ALS ONDERDEEL VAN EEN INTERDISCIPLINAIRE AANPAK

Wat vroeger de vrijetijdsbesteding was van de rijken, is in Nederland voor iedereen bereikbaar geworden: sport. De Nederlandse sportfaciliteiten en infrastructuur behoren tot de beste van de wereld. Desalniettemin bewegen autochtone Nederlanders onvoldoende: *overgewicht* is een welvaartsziekte van de eerste orde geworden. Voor de Tweede Wereldoorlog was al bekend dat lichaamsbeweging niet alleen goed is voor hart en bloedvaten, maar ook voor de hersenen. Bewegen vertraagt de cognitieve achteruitgang bij het ouder worden en heeft een gunstig effect op stemming.

Vooral niet-westerse immigranten komen uit landen waar sport geen vanzelfsprekende activiteit is. Geld, infrastructuur maar ook zeden en gewoonten verklaren dit. In Afghanistan moeten vrouwen achter hoge muren voetballen uit angst te worden opgemerkt. Bewegen hangt veeleer samen met noeste arbeid. Eenmaal in Nederland doen de meeste migranten geen 'noeste arbeid' meer, zij gaan zelden intensief sporten en zij hebben in veel gevallen last van depressiviteit. *Depressiviteit* is een nationaal probleem, dat niet alleen (veel) migranten treft en maar al te vaak met medicatie bestreden wordt.

Structureel bewegen en sport zijn van belang om in te zetten bij de inburgering, toeleiding naar werk en re-integratie. Daarnaast kan meer bewegen als onderdeel van een interdisciplinaire aanpak worden geïmplementeerd om de vele klachten te bestrijden, die 'standaard' deel lijken uit te maken van het migrantenbestaan. Het overdadige gebruik van medicatie kan tegelijkertijd worden aangepakt. Sport leidt bovendien tot verbroedering en vermindert de 'social defeat'.

5.4.2 ALTERNATIEVE GENEESWIJZEN

De groeiende belangstelling voor alternatieve geneeswijzen hangt in hoge mate samen met het falen van de gezondheidszorg. Dit geldt niet alleen voor de verschillende migrantengroepen. Het is moeilijk hier cijfers van te geven, omdat veel mensen zich hiervoor schamen. In Marokko vertelde een epidemioloog van de universiteit van Rabat dat zij dit taboe heeft overwonnen toen haar eigen zoon ziek werd: 'Ik had geen enkel vertrouwen meer in de psychiaters en was ten einde raad.

Uiteindelijk heeft het me veel geld gekost om naar genezers te gaan en ik ben er niets mee opgeschoten,' vertelt zij eerlijk. Met een aantal ouders van schizofrene adolescenten heeft zij een patiëntenvereniging opgericht: AMAL (hoop).

Veel migranten hebben het vertrouwen in de reguliere gezondheidszorg verloren. Hoeveel Turkse Nederlanders bezoeken een 'hoca' (imam-leermeester) wanneer zij in Turkije zijn! In Marokko bezoekt men de 'fqih' (genezer) of een 'marabout', die rituelen uitvoert om boze geesten te verdrijven. De islamitische genezers hebben inmiddels hun werkterrein uitgebreid naar Nederland. Hun 'behandeling' komt voort uit het volksgeloof dat in ieder islamitisch land weer verschilt. Zij denken en handelen echter vanuit een ander paradigma dan de Nederlandse professionals c.q. de reguliere biomedische geneeskunde (Hoffer, 1996).

Indien we erkennen dat de huidige gezondheidszorg op een aantal punten disfunctioneert ten aanzien van migranten, is het van belang dat de alternatieve genezer steeds meer wordt betrokken bij het reguliere proces. De effectiviteit van hun behandelmethoden zal dan ook langs de lat gelegd moeten worden, zodat het kaf van het koren kan worden gescheiden. Door hen te incorporeren en te betrekken bij het proces van de cliënt ontstaat meer zicht op dit proces dan wanneer deze bezoeken in het vage blijven. Hier ligt een gouden kans voor de gezondheidszorg om de acties van deze genezers te onderzoeken en te bekijken in hoeverre hier sprake kan zijn van een evidence-based interventie. Een formele samenwerking is vooralsnog moeilijk, omdat islamitische genezers geen homogene beroepsgroep vormen. Samenwerking met islamitische geestelijke verzorgers is gaande en informeel vervullen zij reeds deze rol voor islamitische cliënten. Ook hun bijdrage aan zorg dient te worden onderworpen aan wetenschappelijk onderzoek.

In de landen van herkomst bestrijdt de reguliere gezondheidszorg te vuur en te zwaard de alternatieve 'charlatans', die ook in Nederland vrij spel hebben. Een tegeluitspraak in een alternatieve praktijk rechtvaardigt zichzelf als volgt: 'Het monopolie van de genezing is niet voorbehouden aan de artsenvereniging' (Daoud, 2008). Dat monopolie wordt ook niet door artsen geclaimd. Het gaat erom dat mensen de voor hen meest effectieve zorg krijgen aangeboden – wat nog niet altijd het geval is.

6 Belastbaarheid van migranten

Alle mensen zijn verschillend en dienen
Al het mogelijke te doen om dat te blijven
Paulo Coelho

'Nederland investeert nauwelijks in herstel van cliënten'. Deze stevige uitspraak is afkomstig van de Amerikaanse wetenschapper Thomas Bornemann, die de Nederlandse ggz heeft doorgelicht in 2007 en tot de volgende vraag komt: Waarom werken Nederlandse cliënten niet? Hij is van mening dat professionals in Nederland meer energie moeten steken in het verbeteren van werkgelegenheid voor cliënten:

> 'Dit getuigt niet alleen van sociaal engagement maar het levert ook veel op. Werk is namelijk meer dan simpelweg geld verdienen. Het geeft zelfvertrouwen, een gevoel iets bij te dragen aan de maatschappij en het biedt een sociaal netwerk. Dit draagt meer bij aan herstel dan behandelingen gericht op symptoomreductie.'
>
> PSY, 2007

Alsof behandelingen cliënten gelukkig maken. Alsof symptoomgerichte behandelingen geen kapitalen kosten aan de Nederlandse schatkist. Te weinig wordt een behandeling ingezet met een duidelijk omschreven doel. Het recentelijk ingevoerde DBC-systeem (diagnose-behandelingcombinatie) is evenmin resultaatgericht. Toch blijven we maar doorbehandelen.
In 2005 brengt de Gezondheidsraad het advies 'Beoordelen, behandelen, begeleiden' uit aan de minister van Sociale Zaken en Werkgelegenheid en de minister van Volksgezondheid, Welzijn en Sport. De Raad stelt dat de geneeskunde eenzijdig georiënteerd is op klachten, symptomen en afwijkingen, waarbij het functioneren van mensen

nauwelijks aan bod komt. Daarnaast kunnen de gevolgen voor het functioneren bij eenzelfde ziektebeeld sterk uiteenlopen door individuele verschillen in constitutie, vaardigheid en aanpassingsvermogen (Gezondheidsraad, 2005). Wanneer ook interculturaliteit een rol speelt in dit ingewikkelde proces, wordt het nog moeilijker.

Om meer oog voor de sociale context (het zwemwater) te krijgen, is verbreding van het medische blikveld voor professionals nodig. Wetenschappelijk onderzoek wijst op de verwevenheid van fysieke, mentale en sociale factoren, niet alleen bij allerlei in medische zin onverklaarde klachten, maar ook bij welomschreven ziektebeelden als depressie en hartinfarct. De spreekkamers van bedrijfs- en verzekeringsartsen zijn gevuld met cliënten van wie de problematiek medisch gelegitimeerd is, maar die in wezen een overwegend persoonlijk en sociaal karakter heeft (Knepper, 2005). Ook hier geldt dat waar interculturaliteit een rol speelt, het spreekkamergebeuren nog ingewikkelder wordt. Wat te denken van de financiële belangen, die in deze situatie in het geding zijn? 'Geld stinkt niet', maar toch praten we veel te weinig over geld bij de belastbaarheidsbepaling. Het is van belang om cliënten meer informatie te bieden over de financiële ontwikkelingen in hun loopbaan. Bij de interdisciplinaire aanpak is een financieel expert een belangrijk teamlid.

De Gezondheidsraad heeft gelijk dat de geneeskunde eenzijdig georiënteerd is op klachten, symptomen en afwijkingen. Dat is ook begrijpelijk, aangezien het medische model daartoe is ingesteld. De geneeskunde is nu eenmaal *gericht* op klachten, symptomen en afwijkingen.

Als het echter gaat over belastbaarheid van een cliënt, gaat het over veel meer: het functioneren van mensen in brede zin en dan komen individuele verschillen in constitutie, vaardigheid en aanpassingsvermogen in beeld. 'De sociale context is inderdaad uiterst belangrijk', zoals Knepper betoogt. 'Wetenschappelijk onderzoek heeft aangetoond dat fysieke, mentale en sociale factoren verweven zijn met "welomschreven ziektebeelden".' De spreekkamers van bedrijfs- en verzekeringartsen zijn inderdaad gevuld met cliënten met medisch gelegitimeerde klachten, die een overwegend persoonlijk en sociaal karakter hebben. Een nieuwe sociale context (c.q. ander zwemwater) voegt nog een extra dimensie toe aan dit gebeuren. En toch wordt de belastbaarheid nog steeds vrijwel uitsluitend door een arts bepaald!

6.1 WAO/WIA

In 1967 is de Wet op de arbeidsongeschiktheidsverzekering (WAO) aangenomen, in 2006 opgevolgd door de Wet werk en inkomen naar arbeidsvermogen (WIA). Harmsen verrichtte in 2003 een beschrijvend onderzoek naar de ervaringen van verzekeringsartsen met de beoordeling van allochtone cliënten. Daaruit blijkt dat verzekeringsartsen het vaststellen van de belastbaarheid van allochtone cliënten moeilijker vinden dan van autochtonen vanwege de verschillen in taal, klachtenpresentatie en klachtenbeleving. In opdracht van het ministerie van Sociale Zaken en Werkgelegenheid heeft het Verwey-Jonker Instituut het onderzoek met als titel 'In de fuik; Turken en Marokkanen in de WAO' uitgevoerd (2002). Hieruit kwam naar voren dat 'Turken en Marokkanen' tweeënhalf tot drie keer vaker een WAO-uitkering ontvangen dan autochtone Nederlanders. Onder Turkse mannen boven 40 jaar waren er zelfs meer WAO'ers dan werkenden. De onderzoekers schrijven deze verschillen vooral toe aan het lagere opleidingsniveau, de 'afwijkende gezondheidsbeleving en het afwijkende ziektegedrag' van deze groepen werknemers, met aandacht voor het woord 'afwijkend'. In genoemd onderzoek wordt ook gewezen op het 'onderhandelingselement': 'Wanneer allochtone WAO'ers hun klachten sterker presenteren dan autochtonen, dan zou dit tot gevolg kunnen hebben dat de uitkeringsaanvraag eerder wordt toegewezen.' Het 'migrantenbestaan' wordt in dit onderzoek ook aangewezen als een reden tot toekenning van een uitkering. Meerdere verzekeringsartsen en arbeidsdeskundigen geven in dit onderzoek toe dat slechte beheersing van de Nederlandse taal door de cliënt eerder tot een WAO-uitkering leidde. Mogelijk dat ook te beperkte interculturele vaardigheden van deze professionals een rol hebben gespeeld bij de belastbaarheidsbepaling, evenals het ontbreken van intercultureel effectieve re-integratiemogelijkheden.

De aandacht in de media voor het thema WAO en migranten neemt toe vanaf 2001. De toonzetting wordt harder en verschuift geleidelijk van de 'multiculturele samenleving met behoud van eigen cultuur' naar 'inburgering en integratie', hetgeen in feite neerkomt op assimilatie. Het is in deze context niet opmerkelijk dat er binnen de sociale verzekeringswereld vóór 2002 weinig aandacht is geschonken aan het onderwerp Nederlandse taalbeheersing als mogelijke co-factor voor instroom van migranten in de WAO.

6.1.1 'DE TREIN VERTREKT ZONDER MIJ'

Deze uitspraak getuigt van een volstrekt ander wereldbeeld dan de in Nederland gebezigde uitdrukking: 'Ik heb de trein gemist'. Gezondheidsbeleving en ziektegedrag van migranten- en autochtone werknemers blijken te verschillen (Selten & Copinga, 2003; Snel, 2002). De uitdrukking in bepaalde migrantenkringen dat 'de WAO het beste diploma in Nederland' was, is in dit kader veelzeggend. De relatieve oververtegenwoordiging van migranten in de WAO wordt voornamelijk verklaard door de cultuurspecifieke ziektebeleving van migranten (Dautzenberg et al., 2005). Voorbeelden van cultuurspecifieke ziektebeleving van migrantenwerknemers zijn het geloof in bovennatuurlijke oorzaken van ziekte, de in veel gevallen absolute ziekterol, het belang dat men hecht aan medicatie, het somatiseren en uiteindelijk de communicatieproblemen met de arts of andere professionals. Geen woord wordt gerept over de vaak jonge leeftijd waarop eerstegeneratiemigranten al beginnen met (zwaar) werk in het land van herkomst. Hiertegenover staan de Nederlandse waarden en normen ten aanzien van gezondheid en ziekte, zoals de eigen verantwoordelijkheid, actief meewerken aan herstel en het principe 'doen wat je kunt' zoals geleidelijke werkhervatting of aanpassing in het werk. Men verwacht dat deze cliënten zelf met een voorstel komen ten aanzien van herstel. Een dergelijk voorstel wordt vaak beschouwd als een vorm van 'goede wil' om toch vooral zo snel mogelijk weer aan het werk te gaan. Het Nederlandse of calvinistische arbeidsethos speelt hierin door: Ik ben schuldig als ik niet werk.

Onderzoek toont aan dat migrantencliënten zich – in vergelijking met deze Nederlandse waarden en normen – passiever en meer afwachtend opstellen en dat zij – vaker dan autochtonen – veronderstellen dat de arts degene is die hen beter kan maken. De professional ziet in de regel de cliënt op individuele basis en staat soms onvoldoende stil bij het feit dat deze individuele cliënt – hoe aangepast ook – veel meer deel uitmaakt van een groep dan de individuele autochtone cliënt die hij ziet. De wederzijdse verwachtingen sporen op zo'n moment onvoldoende. Hier komt het aan op een goede aansluiting en dienen specifieke motiveringstechnieken te worden toegepast.

Geleidelijke werkhervatting wordt door veel migranten als onnatuurlijk ervaren als men zich nog niet helemaal beter voelt ('graduele ziekterol'). Leeftijd lijkt bij deze observaties geen verschil te maken. Bovendien lijken de verschillen met autochtonen eerder gradueel dan absoluut en zijn de verschillen tussen migranten onderling groot (Hijmans van den Bergh, 2002).

6.1.2 VROUWEN VAN TURKSE EN MAROKKAANSE AFKOMST

De groep vrouwen van Turkse en Marokkaanse afkomst verdient extra aandacht. In de arbeidsongeschiktheidstatistieken komen deze vrouwen scherp naar voren, in de zelfdodingstatistieken vallen vooral de Turkse meisjes op. Deze gegevens staan met elkaar in verband en lichten een tipje op van de sluier, die doorgaans verbergt dat hun leven in Nederland extra zwaar is: meer dan mannen moeten zij beantwoorden aan de regels en eisen van de cultuur van herkomst en tegelijkertijd moeten zij voldoen aan de gewoonten en mogelijkheden in de Nederlandse samenleving. Zij leven in twee werelden. Men verwacht dat zij zorgen voor mensen hier en voor mensen daar. Nee zeggen wordt hun niet geleerd en er wordt veel van hen gevraagd: met moeder naar het ziekenhuis, het proces-verbaal van broerlief betalen, niet omgaan met die of met die. Eenmaal getrouwd en moeder wordt de druk om niet buitenshuis te werken steeds groter, terwijl de noodzaak om geld te verdienen ook steeds groter wordt. Spanningen ontstaan ten gevolge van culturele conflicten over de zorgtaken en werkzaamheden in het huishouden. De traditionele mediterrane opvattingen over de rol en taken van de vrouw botsen met Nederlandse waarden over huishoudelijk werk en buitenshuis werken. Dreiging en geweld komen meer voor in de mediterrane cultuur dan in de Nederlandse onderhandelingscultuur. Daarnaast is in de islamitische cultuur het moederschap belangrijker: kinderen, echtgenoot en familie gaan doorgaans altijd voor.

Buitenshuis werken lijkt daar niet altijd goed in te passen, terwijl extra inkomsten wel noodzakelijk zijn. Het schamel verdiende geld dat veelal niet ter eigen besteding is en waarover buiten hen om wordt besloten, is bestemd voor bijvoorbeeld de aankoop van een huis in Turkije of voor de schoonfamilie. Dit leidt tot veel spanning, klachten, verzuim en uiteindelijk meer arbeidsongeschiktheid. Het is schaamtevol om hierover met autochtone Nederlanders te praten. Alsof je je eigen groep zou verloochenen.

Je kunt je afvragen waarom een van een ziekte herstellende moeder met drie kleine kinderen en met een schoonmaakbaan in de vroege avonduren, de moeite zou nemen om dit slecht betaalde en onaantrekkelijke werk te doen, terwijl op dat moment de kinderen moeten eten en naar bed gebracht worden. Waarom zou de echtgenoot de werkhervatting van zijn 'zieke' vrouw aanmoedigen, als 'in de ziektewet' het loon gewoon wordt doorbetaald? 'Betaald moederschap' wordt in eigen kring minder als een schande gezien en geeft in ieder geval rust op alle fronten: er blijft geld binnenkomen; de omgeving is tevreden en niemand praat meer over werk buitenshuis. Zo is de cirkel rond. Dit zijn weliswaar generaliserende uitspraken waarop de uitzondering altijd te vinden is. Feit is wel dat werkgevers melden dat het grijze verzuim onder migrantenvrouwen hoog is, bijvoorbeeld arbeidsverzuim tijdens schoolvakanties. Dit verzuim wordt vaker geaccepteerd en ook horen deze vrouwen vaker dat zij eerst maar eens moeten uitzieken. Er blijkt een andere verzuimcultuur te heersen onder migrantenvrouwen, hetgeen niet bevorderlijk is voor werkhervatting en de kans op langdurig verzuim vergroot (Snel, 2002).

Ook de Antilliaanse en Surinaams-Creoolse vrouwen in Nederland hebben het moeilijk, omdat zij vaker een eenoudergezin leiden. De problemen die hieruit voort kunnen komen maken de opvoedtaken nog zwaarder.

Voor veel autochtone Nederlandse vrouwen is de combinatie van gezin en werk ook te zwaar. In deze situaties is het inkomen van de vrouw vaker noodzakelijk om de hypotheek te bekostigen. Bij deze groep lijkt echter meer sprake te zijn van eigen keuze dan bij genoemde migrantenvrouwen.

6.2 Verzuim

Onderzoek naar de sociaalmedische begeleiding van migrantenwerknemers laat zien dat arbeidsverzuim bij migranten hoger is dan bij autochtone werknemers. Migrantenverzuim verloopt ook anders: opvallend is dat migranten een hoge verzuimdrempel hebben, maar dat hun ziektegedrag de hersteldrempel verhoogt. Internationaal onderzoek naar verzuim toont eveneens aan dat immigranten langer verzuimen dan de autochtone bevolking (Grossi et al., 1999). Exacte gegevens over de verschillende wijze waarop autochtonen en de diverse migrantengroepen verzuimen, ontbreken (Van Poppel et al., 2002). Over het geheel genomen is het arbeidsverzuim van niet-westerse migranten afgenomen van 4,7% in 2004 tot 4,5% in 2005; vergelijk: het verzuim bij autochtone werknemers bleef gelijk op 3,9% (CBS, 2008). Feit is dat migranten op de werkvloer met veel meer stressoren te maken hebben dan de gemiddelde autochtone werknemer. Deze stressoren in combinatie met mogelijk minder effectief copinggedrag en minder mogelijkheden om de stressoren te bestrijden, leidt tot het geconstateerde hogere verzuim.

Uit een onderzoek naar de prognostische factoren voor langdurig verzuim door klachten van het bewegingsapparaat onder steigerbouwers komt naar voren dat steigerbouwers met een Turkse achtergrond significant vaker en langer verzuimen (Heijens et al., 2003).

Behalve de werkvloer als stressor zijn ook persoonlijke factoren van invloed op arbeidsverzuim. Uit onderzoek blijkt dat echtscheiding effect heeft op de gezondheid van vooral jonge mannen en vrouwen (Blekesaune & Barrett, 2005). In het algemeen hebben gescheiden werknemers een hoger verzuim dan gehuwden, ongehuwden en verweduwden (Van Deursen, 1999). Het verzuim van niet-westerse migrantenvrouwen ligt bij de verschillende vormen van burgerlijke staat boven het verzuim van autochtone en westerse allochtone vrouwen. Bij niet-westerse vrouwen lag het verzuim voorafgaand aan de echtscheiding in 2004 op 11% en dit is hoger dan in het jaar van de echtscheiding.

Het gevaar van langdurig verzuim bij migranten geldt met name voor diegenen met weinig of geen opleiding en voor jongeren die recentelijk tot het arbeidsproces zijn toegetreden. Op veel van deze persoonlijke factoren is weinig invloed mogelijk. Extra aandacht dient in ieder geval uit te gaan naar preventie van arbeidsgerelateerde problematiek die leidt tot langdurige uitval en marginalisatie (Hijmans van den Bergh, 2002).

Hoewel de werkgever formeel verantwoordelijk is, spelen in de praktijk bedrijfsartsen en andere arbodeskundigen een cruciale rol bij de aanpak van verzuim. Migranten werken vaker in ongunstige situaties, daar waar fysieke arbeid wordt geleverd: geluidsoverlast, stank, gevaar. Daarnaast is dit werk dikwijls saai en eentonig. Zij werken vaker in sectoren waar de arbeidsverhoudingen ongunstig zijn en hebben vaker deeltijdbanen en tijdelijke contracten. Bijna altijd is sprake van een combinatie van factoren waarin de werknemer verstrikt is geraakt (Örücü & Seddik, 2004).

Veel migrantenwerknemers hebben flexibele contracten en de binding met de werkgever is soms minimaal. Tot de invoering van de Wet verbetering poortwachter was het voor de werkgever van weinig belang om actief aan re-integratie te werken, zeker als sprake is van tijdelijke contracten. Dat is intussen wel verbeterd.

Het hogere migrantenverzuim is voor een deel ook terug te voeren op het lage opleidingsniveau, de relatief slechtere gezondheid en knelpunten in de arbocuratieve zorg en sociaalmedische begeleiding. Migranten lopen een groter risico om in conflictsituaties terecht te komen door stereotypering en communicatieproblemen. Extra aandacht dient te worden besteed aan pestgedrag op het werk. Het is moeilijk om je hiertegen te verdedigen als je de taal onvoldoende beheerst. Je maakt jezelf alleen maar meer tot mikpunt op de werkvloer. Velen houden dus hun mond. Wanneer de leiding hier iets van zegt en iemand daadwerkelijk op pestgedrag wordt aangesproken, is steevast het antwoord dat 'het niet kwaad bedoeld is'. De meesten komen hiermee weg; de leiding zit niet te wachten op een conflict en de migrantenwerknemer is thuis steeds minder te genieten en slaapt steeds minder goed.

De arbozorg is tegenwoordig vaak beperkt op grond van de magere contracten. Mogelijk resulteert dit in een hoger aantal bedrijfsongevallen onder allochtonen; goede cijfers ontbreken echter.

Het is aan te bevelen om met enige regelmaat aandacht te besteden aan informatie omtrent het verzuimbeleid in een bedrijf in de vorm van een voorlichtingsbijeenkomst en folder in eigen taal. Tegelijkertijd kan men dan informatie overdragen die de weg binnen de Nederlandse gezondheidszorg toegankelijker maakt.

Vluchtelingen die een hoge opleiding hebben gevolgd in het land van herkomst, lopen extra risico wanneer zij beneden hun opleidingsniveau werken. Een chique opvoeding met aandacht voor omgangsvormen en etiquette maakt het pijnlijk om zich bepaalde ruwe omgangsvormen te moeten laten welgevallen. Zoals een cliënt opmerkt: 'In Nederland worden alle mensen met zwart haar op een grote berg allochtonen gegooid'.

Het kenmerk 'zwart haar' impliceert blijkbaar dat je dan 'allochtoon' bent: een generalisatie. Onderzoekers maken overigens veel gebruik van generalisering om tot bepaalde uitspraken te kunnen komen over een bepaalde groep. Bij stereotypering gebeurt het omgekeerde: omdat je 'allochtoon' bent, worden 'alle aan allochtonen toegeschreven kenmerken' ook aan dit individu uit deze groep toegeschreven. De niet-aflatende stroom slechte berichten in de media wereldwijd over 'allochtonen, moslims, immigranten enzovoort' hebben de sfeer op de Nederlandse werkvloer er beslist niet beter op gemaakt de afgelopen jaren.

Casus
Salem is afkomstig uit Syrië en heeft daar de opleiding tot accountant gevolgd. Hij werkt al een aantal jaren in een kippenslachterij met vijftig werknemers. Ondanks herhaalde beloften van de baas voor een betere (lees: schonere) functie blijft hij kippen doden. Na een aantal jaren stapt hij naar zijn baas om te vragen hoe het staat met zijn perspectieven in het bedrijf. Wanneer de baas hem op dat moment vraagt: 'Hoe heet jij eigenlijk?' valt voor hem het doek. Hij meldt zich dezelfde dag nog ziek en weigert om nog ooit een voet in dit bedrijf te zetten.

6.3 Testgebruik

Het gebruik van tests is de vermijding van persoonlijk contact
Stand. inE

Voor een werkgever is het van groot belang dat zijn werknemers gezond zijn en gezond blijven, de beste garantie voor effectieve arbeid. Een betrekkelijk eenvoudige en goedkope manier om inzicht te krijgen in de gezondheidssituatie van personeel is het afnemen van gevalideerde vragenlijsten.

Instrumenten om kwaliteiten of talenten van cliënten te meten zijn weinig geschikt voor mensen die de Nederlandse taal onvoldoende beheersen. Toch blijft dit type taal- en cultuurgevoelige instrumenten gebruikt worden door professionals, soms tegen beter weten in. Dit werkt sterk ten nadele van de migrantencliënt, die zich moeilijk kan verweren en ook vaak de weg niet kent om zijn beklag te doen over deze gang van zaken.

Een vragenlijst kan pas worden ingezet na nauwkeurig validatieonderzoek met een vergelijkbare groep migrantenmedewerkers (Bochhah et al., 2005). Het is echter bijzonder moeilijk – zo niet onmogelijk – om cultuuronafhankelijke tests te vinden, dat wil zeggen die uitsluitend iemands capaciteiten meten zonder de invloed van andere factoren zoals verschillen in maatschappelijke kansen (Hofstede, 2002).

Tegelijkertijd is het gevaar van een 'sociaal wenselijke' testbenadering groot bij migrantenwerknemers: 'Wat gebeurt er met mij als ik dit of dat invul?' Dit komt de validiteit van het testen evident niet ten goede. Het begrip 'anonimiteit' is niet zonder meer een waarborg voor meer vertrouwen in de testsituatie.

Voor onderwijsdoeleinden en meer kennis in het algemeen is het van belang om de migrantenachtergrond van werknemers te registreren. Dit is nog steeds een gevoelige zaak in Nederland en misbruik moet absoluut worden uitgesloten. Hier ligt een taak voor de verschillende beroepsverenigingen om deze vorm van registratie op verantwoorde wijze in te voeren.

6.4 Re-integratie

Gezien de demografische ontwikkelingen op de Nederlandse werkvloer zal de vraag naar adequate re-integratie in korte tijd sterk toenemen: hulp gericht op terugkeer naar werk in geval van ziekte, arbeidsongeschiktheid of werkloosheid. Interventies gericht op werkhervatting blijken vaak een gunstig effect te hebben, ook al heeft de verzuimende werknemer nog allerlei klachten. Uit de literatuur blijkt dat tal van factoren betreffende de persoon van de werknemer in relatie tot het werk zelf een rol spelen bij het bepalen van de prognose, waarschijnlijk meer dan de kenmerken van de aandoening (Knepper, 2005).

Pogingen tot re-integratie van migrantenwerknemers mislukten in het verleden maar al te vaak omdat cliënten aangeven dat zij 'te ziek zijn om te werken'. Een belangrijke hindernis is het feit dat veel migranten in absolute termen denken over ziekte en gezondheid. Gedeeltelijk ziek en gezond en tegelijkertijd werken wordt vaak als onaanvaardbaar beschouwd (Dautzenberg et al., 2005). Veel artsen zien de communicatie met vooral Turkse en Marokkaanse werknemers als moeizaam. Dit leidt tot meningsverschillen over de aard van de ziekte en het vermogen om al dan niet te kunnen werken. Echter, de impliciete verwachtingen en culturele achtergrond van artsen spelen ook een rol in de interactie (Meershoek et al., 2004).

Het onderzoek van het Verwey-Jonker Instituut brengt naar voren dat verzuimbegeleiding jammerlijk faalt. Veel werkgevers die in het kader van dit onderzoek geïnterviewd werden, klaagden over arbodiensten die hun taak niet naar behoren zouden uitvoeren. In de veronderstelling dat zij de volledige ziektebegeleiding hebben uitbesteed, bemerken zij dat deze diensten inefficiënt handelen.

Het ontbreken van adequate op migranten toegesneden re-integratiebegeleiding is een onderbelicht en belangrijk feit ter verklaring van de verhoogde instroom van migrantenwerknemers in de WAO in het verleden.

In het onderzoek van Echtelt & Hoff (2008) zijn ook de re-integratiediensten onder de loep genomen. In dit onderzoek is geen onderscheid gemaakt tussen de verschillende bevolkingsgroepen en wordt dus een algemene indruk van deze dienstverlening gegeven.

Aan degenen die ervaring hebben met re-integratiehulp is gevraagd hierover een oordeel te geven. De dienstverlening van re-integratiebedrijven wordt met gemiddeld een zes beoordeeld. Over de effectiviteit van de hulpverlening wordt vrij negatief geoordeeld: ruim de helft van de respondenten geeft aan dat de hulp er niet toe heeft bijgedragen dat zij weer aan het werk zijn gekomen. Als verbeterpunt noemt 40% van de respondenten dat de hulp beter moet aansluiten op de persoonlijke situatie. Maatwerk is bepalend.

Casus

Raymund heeft zes weken in coma gelegen vanwege een uit de hand gelopen longontsteking. Hij bleek allergisch te zijn voor een 'onschuldig' antibioticum: 'Het is een wonder dat ik nog in leven ben'. Na de revalidatie gaat hij weer een aantal uren aan het werk als klassenassistent op een basisschool. Van de bedrijfsarts kreeg hij te horen dat hij 'meer dagen moest werken'. Hij vertelde dat hij zich nog ellendig voelde en zijn werk niet kon uitbreiden. De reactie was als volgt: 'Dat verhaal hoor ik vaker, vooral van mensen die niet in Nederland zijn geboren'. Toen werd ik maf en ben weggelopen uit het gesprek. Waarom niet meteen zeggen: 'Daar heb je weer zo"n luie zwarte!' Bij een volgende oproep heb ik gezegd dat ik niet meer naar die mevrouw wilde en toen kreeg ik een heel lieve mevrouw. Ik was wel wantrouwig door die vorige ervaring.

Sneller aan het werk bij verzuim

Werknemers die de laatste paar jaar wel eens langer dan twee weken ziek zijn geweest, is gevraagd naar hun oordeel over verzuimbegeleiding. Ruim de helft van de groep (voormalig) zieke werknemers geeft aan dat zij sneller naar het werk terug hadden kunnen keren als daarvoor (meer) maatregelen waren genomen. De grootste winst is daarbij volgens hen te behalen door aanpassing van het werk, zoals een ander takenpakket, ander werk bij dezelfde werkgever of werk bij een andere werkgever.

Re-integratie met behulp van cognitief gedragsmatige interventie bij mensen met chronische klachten en dientengevolge arbeidsverzuim realiseert goede resultaten bij een strak geprotocolleerde en interdisciplinaire aanpak (Vendrig et al., 2000a; Vendrig & Van Akkerveeken, 2000). Een vervolgonderzoek toont aan dat deze aanpak ook na vier jaar dezelfde goede resultaten laat zien in termen van werkhervatting (Vendrig et al., 2000b; Croughs et al., 2008). Dit betekent dat ruim 80% van alle deelnemers aan een dergelijk programma niet alleen het werk hervat, maar ook aan het werk blijft.

De volgende stap is het resultaat – ook weer in termen van werkhervatting – van de cognitief-gedragsmatige aanpak bij migranten aan te tonen: een resultatenonderzoek van 10.000 trajecten over een periode van vijf jaar – waarbij succes eveneens is gedefinieerd als werkhervatting – levert geen verschil in resultaat tussen allochtone en autochtone werknemers (Vink & Vendrig, 2006). Anders gezegd, ook bij de migrantengroep werd hetzelfde goede resultaat behaald: 80% werkhervatting. Het betreft hier in alle gevallen cliënten die in medische zin 'uitbehandeld' zijn en hun baan dreigen te verliezen wegens chronische klachten: rugpijn, whiplashgerelateerde klachten, chronische vermoeidheid, RSI en nekpijn. Van de groep 'Allochtonen' in dit onderzoek is 70% van niet-westerse oorsprong.

De cognitief-gedragsmatige aanpak blijkt veelbelovende resultaten te bieden om belastbaarheid in het algemeen en belastbaarheid van migranten in het bijzonder te verhogen.

6.5 Interculturele coaching

Interculturele coaching is een instrument voor personeelsmanagement dat zich richt op de arbeidsverhoudingen op de werkvloer. Doel van deze coaching is de effectiviteit van iedere werknemer optimaal te maken en houden. Zo kan bijvoorbeeld uitstroom van gekwalificeerd personeel op basis van interculturele problemen worden tegengegaan. Dit vertrekcijfer is in sommige organisaties relatief hoog en dat zegt iets over de bedrijfscultuur. De rol van de leidinggevende is in dit kader cruciaal.

Een interculturele coach kan iets aan deze cultuur doen door werknemers te leren anders met conflicten om te gaan. Daarbij is geheimhoudingsplicht van groot belang om vertrouwen te krijgen bij de werknemers – vooral de migrantenwerknemer – die zich in veel gevallen kwetsbaar voelt.

Wanneer het onderwerp 'discriminatie' besproken wordt, komt de bedrijfscultuur sterk in beeld. Heeft de leiding oog voor dit verschijnsel? Is het mogelijk een klacht in te dienen? Wordt een dergelijke klacht serieus genomen of teruggeworpen op de klager? Is er een klachtenprotocol? 'Wat heb jij lange tenen!' is in dit kader geen adequate reactie.

De coach kan tijdens een gesprek een aantal zaken aan het licht brengen die de medewerker zelf mogelijk niet goed in beeld heeft. Iedereen heeft immers een blinde vlek ten aanzien van eigen functioneren. Het functioneren van een bepaalde afdeling wordt pas duidelijk door iedere individuele medewerker van die afdeling vanuit een ander perspectief te leren kijken. Pas op dat moment kan een effectief veranderingsproces worden aangegaan. Voorop moet staan dat de leiding zich expliciet uitspreekt én in de praktijk waarmaakt én zich ervan vergewist dat iedereen er goed van doordrongen is dat discriminatie op geen enkele manier wordt getolereerd.

Het personeelsmanagement dient te worden 'doorgelicht' op discriminatie in procedures en richtlijnen. Een organisatieklimaat dient te worden versterkt waarin diversiteit als positief wordt gewaardeerd (Van der Zee & Van Oudenhoven, 2006).
Om het 'gekleurde plafond' te doorbreken, kan het helpen om ontmoetingen te arrangeren tussen de 'high potentials' en leidinggevenden onder de migranten. Men is dan in de gelegenheid om zich op individuele basis een mening te vormen over de 'Ander'. Mentorschap en netwerken – en ook voetbal – bieden een mogelijkheid tot verbroedering. Een actieve loopbaanbegeleiding houdt iedere werknemer bij de les en vergroot het realiseren van uitdagende werkervaringen. Zo heeft de afdeling Werk en Bijstand van de gemeente Hoorn twee migranten als re-integratiecoaches aangesteld om langdurig werklozen te begeleiden naar werk. Hun succesvolle aanpak staat beschreven in het boek *Alsnog op weg naar werk – de kracht van allochtone coaches*. Een van de 'geheimen' van deze aanpak is het feit dat de cliënten hun verhaal in eigen taal kunnen doen. Doordat de barrière taal en cultuur is weggenomen, kan vertrouwen ontstaan en kan – dan pas – verandering c.q. re-integratie tot stand komen.

Tot slot

Ondernemerschap onder migranten groeit. Nederland is definitief veranderd. In 2007 steeg het aantal startende Bulgaarse ondernemers met 750%; bij de Roemenen was in dat jaar een stijging waarneembaar van 400%. Zij werken vooral in de bouw- en dienstensector.
In Amsterdam is ruim 50% van de startende ondernemers migrant of van migrantenkomaf.
Deze bedrijven doen het steeds beter. Migranten doen graag zaken met migrantenbedrijven en migrantenbedrijven werken graag met migrantenpersoneel.
Het is van groot belang om ondernemerschap aan te moedigen en de ondernemers te coachen in de meest brede zin.

Interactie professional en werknemer

7

Zelfkennis is het begin van alle wijsheid
Chinees spreekwoord

In dit hoofdstuk nemen we onszelf als professional onder de loep. Welke signalen geven wij onbewust af, die mogelijk van invloed zijn tijdens de interculturele interactie? Wat is de positie van de migrantenprofessional? Een aantal valkuilen in de interculturele communicatie wordt uitgediept. Hoe verloopt het werken met een tolk en hoe kan de interculturele effectiviteit worden verbeterd?
Waarom aandacht voor onszelf? 'Arts en allochtoon vallen stil in de spreekkamer' is de conclusie van een onderzoek bij huisartsen in Rotterdamse achterstandswijken (Meeuwesen et al., 2006). Hoewel de interculturele communicatie als moeizaam wordt beschouwd door de professional, duren de consulten met migranten twee minuten korter dan met autochtone cliënten. De communicatieproblemen worden dus niet gecompenseerd door meer tijd te nemen voor het gesprek. De studie brengt ook naar voren dat huisartsen minder empathisch reageren: zij spreken minder en zijn bezig met het begrijpen van de patiënt en het verzamelen van informatie. Dit leidt tot ontevredenheid bij de cliënt, waardoor de behandeling minder goed wordt gevolgd.

7.1   De verborgen dimensie

De meeste Nederlanders lukt het uitstekend om hun landgenoten in het buitenland op grote afstand te herkennen. De meesten van ons wensen echter niet als zodanig 'herkend' te worden. Blijkbaar zijn we niet erg trots op onze Nederlandse uitstraling. Deze herkenning zegt overigens niets over lichamelijke kenmerken, want er bestaan geen Nederlandse neuzen en niet iedereen is lang en blond.
Deze herkenning is gebaseerd op sociale conventies, die in het lichaam zijn opgeslagen en waarvan we ons nauwelijks bewust zijn (Bourdieu, 1979). Deze 'habitus' ('embodiment' in het Engels) is een

uitdrukking van culturele processen en conventies. In eigen omgeving (zwemwater) ontwikkelen mensen onbewust een bepaalde habitus, een duurzame manier van waarnemen, denken en handelen, waarmee mensen zich manifesteren. De habitus wordt door het samenspel van individuen in een groep gevormd, om vervolgens structurele vormen aan te nemen, die hun handelen verder beïnvloeden: de sleutel tussen individu en maatschappij, tussen micro en macro. Mensen die zich al lang in eenzelfde omgeving bevinden hebben zo een voorsprong op nieuwkomers, omdat de habitus bij hen volledig geïnternaliseerd is. Anders gezegd, het interne en externe kader zijn in evenwicht.

Deze verborgen dimensie wordt pas bemerkt op het moment dat iemand zich in een andere omgeving begeeft, bijvoorbeeld tijdens een vakantie (waarbij men zich in ander zwemwater begeeft). Soms worden dan grenzen overschreden in de beleving van deze persoon, zoals een grotere lichamelijke nabijheid van anderen, hetgeen normaal is in collectieve culturen zoals de Aziatische. Voor een Nederlander kan het een schokkende of onaangename ervaring zijn als een ander ongevraagd in zijn 'territorium' komt, aangezien Nederlanders hier niet mee zijn opgegroeid (Hall, 1966).

Iets vergelijkbaars heeft plaats aan de Marokkaanse noordkust in de zomer. De Marokkaanse Nederlanders, die daar 's zomers massaal te vinden zijn, worden door de lokale bevolking feilloos herkend als 'les émigrés'. Juist hier realiseren veel Marokkaanse Nederlanders zich dat zij ook Nederlands zijn. Echter, niet iedereen in Nederland is deze mening toegedaan: het blijven 'die buitenlanders'.

7.2 De migrant als professional

Steeds vaker is de professional een migrant. Dan is interculturaliteit aan de orde, wanneer deze met een autochtone Nederlandse cliënt of een cliënt uit een ander land van herkomst in gesprek is. Door hun goede opleiding en het feit dat zij vloeiend Nederlands spreken, is hun afstand tot de Nederlandse cultuur al sterk verkleind, desalniettemin is het van belang hun positie nader te bezien.

Wat te denken van deze opmerking van een directeur van een grote instelling voor gezondheidszorg en van Antilliaanse afkomst? 'Iedere keer als ik de Bijenkorf binnenloop, zie ik hoe de verkoopsters me meteen in de gaten houden.'

Migrantenprofessionals hebben in ieder geval een belangrijke modelfunctie voor migranten in het algemeen. In bijna alle landen van herkomst is vooral het beroep van arts voorzien van een hoge status. Toch hebben ook zij soms te maken met subtiele zaken, die met hun migrantenstatus samenhangen. Door hun evident betere kennis van een bepaalde niet-Nederlandse taal en cultuur in vergelijking met hun autochtone Nederlandse collega's, zijn zij veel beter in staat om een cliënt uit hetzelfde land van herkomst – een 'landgenoot' – aan te spreken op bepaalde vormen van gedrag. Zij doorzien de motieven van hun 'landgenoot' veel gemakkelijker en worden soms door deze 'landgenoten' beticht van onvoldoende loyaliteit. Sommige cliënten gaan soms zo ver dat zij het vertrouwen verliezen in deze professional: 'Hij denkt dat hij een Nederlander is'.

Niet iedere migrantenprofessional is overigens van mening dat interculturaliteit een *onderwerp* is, zoals deze verzekeringsarts stelt:

'Een hernia is een hernia en of je nu Nederlander bent of Marokkaan, dat maakt niets uit. Dat iedereen een andere pijnbeleving heeft, dat is per persoon verschillend en ligt niet zozeer aan de afkomst. Ik, als allochtoon, ga hier niet anders mee om dan een collega van Nederlandse afkomst.'

Terecht wordt in deze uitspraak erkend dat pijnbeleving een persoonlijke zaak is. Echter, pijnbeleving en pijngedrag worden mede beïnvloed door culturele factoren. De constitutie en gedragingen van de autochtone en migrantencliënt worden hier niet onderscheiden en dit doet de migrantencliënt geen recht. Deze uitspraak is ook om een andere reden buitengewoon interessant: deze professional ontkent – wellicht onbewust – de Ander en daarmee ook zichzelf. Tegelijkertijd stelt hij de norm bij de 'collega van Nederlandse afkomst'.

Migrantenprofessionals worden door hun autochtone collega's wel eens geattendeerd op een accent of het feit dat men kan horen dat zij niet hun moedertaal spreken. Uitspraken van deze professionals over bepaalde gewoonten in hun land van herkomst of religieuze gebruiken, waar zij 'niets mee hebben', vallen op. Alsof zij anticiperen op een negatieve opmerking van een collega. Dit is een veelvoorkomende acculturatiestrategie, die de migrant gebruikt om contact te maken met iemand van de dominante cultuur. Door iets mogelijk onaangenaams uit de eigen cultuur 'zwart' te maken, denkt deze persoon zichzelf 'witter' te maken om afwijzing te vermijden.

Ten aanzien van autochtone collega's hebben deze professionals wel eens het idee dat zij beter moeten presteren, zoals sommige vrouwen vroeger(?) vonden dat zij 'twee keer zo goed moeten zijn als een man'. Zoals het 'glazen plafond' voor vrouwen zou bestaan, zo geldt ook voor hen wat men tegenwoordig het 'gekleurde plafond' noemt.

Casus
Wilma is 52 jaar en heeft een baan in het basisonderwijs. De reumatoloog heeft bij haar de diagnose fibromyalgie gesteld. Zij verzuimt sinds geruime tijd wegens tal van klachten en haar dagen zijn gevuld met bezoeken aan diverse hulpverleners. Bij de een klaagt zij over de ander en werkhervatting in haar 'vreselijk leuke baan' is niet mogelijk wegens de heftige pijn en vermoeidheid. De bedrijfsarts, die haar steeds duidelijker aanmoedigt om toch weer te gaan opbouwen met werk, wordt met de uitspraak 'zij is nauwelijks te verstaan' en een veelbetekenende gezichtsuitdrukking gediskwalificeerd. Deze bedrijfsarts is overigens prima te verstaan en het Nederlands is niet haar moedertaal.

7.3 Valkuilen in de communicatie

'Om in andermans schoenen te kunnen staan, moet je wel je eigen schoenen uittrekken.'

Een goede communicatie is een absolute voorwaarde om iets te kunnen bereiken. Echter, het is moeilijk om goed te communiceren met mensen die cultureel verschillen. Communicatie slaagt beter naarmate de interpretaties over en weer gelijk zijn. Anders gezegd, ik leg jouw boodschap precies zo uit zoals jij die bedoelt of 'een goede verstaander heeft aan een half woord genoeg'. Dit impliceert dat niet alleen de taal en de taalnuances, maar ook de non-verbale boodschappen volledig op elkaar dienen aan te sluiten. Interculturaliteit bemoeilijkt dit proces: de taal, de taalnuances en de non-verbale boodschappen sluiten onvoldoende op elkaar aan; signalen kunnen anders geïnterpreteerd worden dan bedoeld. Daarnaast hebben professionals last van de negatieve stereotypering ten aanzien van migranten en veel migranten voelen zich onheus bejegend.
Een interculturele situatie in de spreekkamer kan dit complexe proces in twee richtingen beïnvloeden: de cliënt, die zijn situatie door een taalbarrière onvoldoende duidelijk kan maken, voelt zich onbegrepen en machteloos; de professional voelt zich onmachtig om de zorg te verlenen waartoe hij is opgeleid.
Aangezien de communicatie tussen professional en migrantencliënt door taal- en/of cultuurverschil moeilijker wordt en tegelijkertijd tijdrovend, kan dit bij de professional ongeduld of irritatie teweegbrengen, hetgeen kan uitmonden in vooroordelen. Nog moeilijker en

ongrijpbaarder bij een interactie met een taal- of cultuurverschil zijn de verschillen in het gebruik van codes. Dit is overigens niet specifiek bij migrantencliënten en wordt – in mindere mate weliswaar – ook zichtbaar en voelbaar bij verschillen in sociale klassen, die in feite ook (sub)cultuurverschillen impliceren.

Over het algemeen is de professional beter opgeleid en meer verbaal ingesteld dan menige cliënt. Zelfinzicht bij lageropgeleiden en bij mensen uit een collectieve cultuur is niet vanzelfsprekend. Veel cliënten durven zich om veel redenen niet bloot te geven. En de professional, die zijn uiterste best doet, voortdurend wil afstemmen en herhaaldelijk vraagt of cliënt het wel begrepen heeft, kan door deze cliënt worden beschouwd als zeer onprofessioneel. De goedbedoelde houding van deze professional wordt soms gezien als een bewijs dat 'ik dom ben' of dat 'deze dokter zijn vak niet verstaat'!

In principe gaat het bij kennismaking om de aansluiting en vorm en niet zozeer om de inhoud. Het lijkt vaak het beste om in deze situatie de cliënt aan het woord te laten. Dat kost tijd, maar is een investering die in een latere fase zijn vruchten afwerpt. Zelfs als een verhaal in eerste instantie overkomt als onsamenhangend, is het voor veel mensen een teken van respect om er toch geduldig naar te luisteren en velen vinden het belangrijk om 'stoom af te blazen'.

Veel cliënten komen binnen en geven er de voorkeur aan om hun jas aan te houden. Wanneer zij hun verhaal gaan vertellen, krijgen zij het op enig moment warmer en even later gaan zij hun jas uittrekken. Dit is een belangrijk signaal dat cliënt zich op zijn gemak lijkt te voelen. Geduld wordt beloond.

'Ja' en 'Nee'

De eenvoudige woorden 'ja' en 'nee' hebben in een collectieve samenleving een andere betekenis dan in de Nederlandse. Deze woorden worden op een andere en voor ons meer ingewikkelde manier gebruikt. In een situatie waarin machtsafstand een rol speelt, uiten mensen zich doorgaans niet geheel volledig en spontaan.

Zo kan het woord 'ja' de volgende betekenissen hebben: 'ja' ik reageer op uw vraag; 'ja' ik hoor u; 'ja' ik begrijp u; 'ja' ik ben het met u eens; 'ja' ik ga doen wat u mij zegt; 'ja' want 'nee' zeggen is onbeleefd: ik moet wel 'ja' zeggen.

Een uitgesproken 'nee' kan betekenen dat de cliënt geen vertrouwen of respect heeft. Het kan een afwijzing betekenen, die zelden nader wordt toegelicht. De vragen waarmee de professional in een dergelijke situatie blijft zitten, komen de arbeidssatisfactie niet ten goede.

De verschillende betekenissen die aan deze veel gebruikte woorden worden toegekend, hebben te maken met de machtsafstand, waaraan iemand gewend is. Onder machtsafstand wordt verstaan: de mate waarin de minder machtige leden van organisaties verwachten en accepteren dat de macht ongelijk verdeeld is. De machtsafstand wordt dus bepaald door de minder machtige leden. Macht bestaat alleen bij de gratie van gehoorzaamheid. Verschillen in machtsafstand of ongelijkheid in een samenleving variëren per land. Het onderzoek van Hofstede brengt de relatieve machtsafstand van meer dan vijftig landen in kaart. Landen met een relatief grote machtsafstand zijn de Arabische landen (7e plaats); Indonesië (8e plaats); (inmiddels voormalig) Joegoslavië (12e plaats); Turkije (18e plaats).

Nederland staat op de veertigste plaats en dit houdt in dat de machtsafstand in Nederland minder groot is dan in de hier genoemde landen van herkomst van veel werknemers (Hofstede, 1991).

Vanuit dit perspectief is het dan moeilijk te verwachten dat een cliënt zich negatief zal uitlaten over een leidinggevende, terwijl de relatie met de leidinggevende een van de belangrijkste factoren is bij verzuim. Het verschil in machtsafstand kan ertoe leiden dat professionals te vaak afgaan op de letterlijke inhoud van woorden en te weinig de onderliggende machtsafstand meenemen in de interpretatie van de reactie van hun cliënten. Daarbij komt dat in veel gevallen de problematiek van migranten complex is.

Een paar veelvoorkomende valkuilen, die de onderlinge communicatie bemoeilijken (Duijsters et al., 2005, Pacemaker) worden hierna besproken.

'Ze hebben klachten die vooral psychisch zijn'

Het serieus nemen van klachten is van het grootste belang. De klachtengeschiedenis doornemen en eventueel overleg met de huisarts vergemakkelijkt vaak het uit te stippelen pad. Aanvullend onderzoek kan noodzakelijk zijn voor de gemoedsrust van cliënt. Ook al is de medicus van mening dat hier niet echt een duidelijke indicatie voor is, het kan wel het vertrouwen in de professional versterken. Aangezien vertrouwen de kern is van de interactie professional-cliënt, blijkt dit vaak een goede investering. De tijd nemen voor uitleg over hoe en waarom is eveneens een investering in de werkrelatie. Dit wordt in veel gevallen geïnterpreteerd als een vorm van respect. Aanwijzingen, die op grond van de klachten naar voren komen en mogelijk duiden op ziekte van somatische aard, dienen te worden onderzocht, voordat een breder pad ter verklaring van de klachten kan worden bewandeld. Een 'geïllustreerde' goede uitslag bij een bloeddrukbepaling of urineonderzoek komt anders over dan de 'kille' mededeling dat 'er niks is gevonden'. Inhoudelijke kennis van ziekten die vooral bij migranten voorkomen, komt de professionaliteit – en dus vertrouwen – ten goede. Eventueel overleg met een (migranten)collega misstaat geenszins. Uitleg in eenvoudige bewoordingen is enorm belangrijk. Spanningsklachten verdienen uitleg en het is vaak al heel belangrijk om een cliënt te leren rustig te ademen.

Aandacht en betrokkenheid zijn toch aspecten die iedere cliënt waardeert? Ook hier is het de toon die de muziek maakt.

'Ze somatiseren zo sterk'

Onverklaarde lichamelijke klachten van langere duur krijgen meestal de beschrijvende diagnose 'functionele klachten' of 'somatisering' (Rosendal et al., 2005). Cliënten die deze diagnose toegedicht krijgen, hebben een grotere kans om veelvuldige zinloze onderzoeken te ondergaan en als gevolg zinloze behandelingen te krijgen. In deze situaties komt het aan op de communicatie tussen arts en patiënt. Wanneer in dergelijke situaties ook taal- en cultuurverschillen een rol spelen, is de kans groter dat uit verlegenheid een 'oplossing' wordt gezocht in het medisch handelen. Diverse iatrogene effecten gaan optreden met als gevolg dat de cliënten nog sterker somatisch gefixeerd raken. Deze medicalisering uit onmacht kan ook bij de cliënt plaatsvinden: de klachten worden gepresenteerd als lichamelijk met een medische hulpvraag, omdat hij vaak het idee heeft dat alleen lichamelijke klachten beperkingen en verzuim rechtvaardigen. Artsen klagen over de eisende opstelling van cliënten en hun theatrale klachtenpresentatie.

Het aanvankelijke vermoeden dat de oorzaak van dit type klachten van psychiatrische aard zou zijn, wordt niet bevestigd. Uit onderzoek blijkt dat dit bij de overgrote meerderheid van deze patiënten niet het geval is (De Waal et al., 2006; Toft et al., 2005). Gedragstherapie blijkt effectief en geeft verbeteringen op de volgende uitkomstmaten: subjectieve gezondheidsbeleving, doktersbezoek en arbeidsverzuim (Blankenstein, 2001).

'Ze overdrijven hun klachten om meer aandacht te krijgen'

De in Nederland populaire demedicalisering wordt niet door alle migranten toegejuicht. In het land van herkomst is medicalisering vaak juist in opkomst. Een dokter is pas een goede dokter als er medisch gedacht en gehandeld wordt: medisch onderzoek en medicijnen bevestigen de verwachting dat een dokter er is om pijn en klachten te bestrijden. Dit geldt ook nog steeds in veel Europese landen. De nivellering, die de laatste decennia ook in de spreekkamer is doorgezet en zichtbaar is in omgang en kledij (geen witte jas of das meer), komt de status van de professional niet ten goede. Veel migrantencliënten voelen zich onbegrepen en niet serieus genomen, wanneer nader medisch onderzoek onnodig wordt geacht of wanneer terughoudend medicatie wordt voorgeschreven.

Gebrekkige taalbeheersing kan met zich mee brengen dat klachten krachtiger non-verbaal worden geuit. In mediterrane culturen is een meer expressieve manier van communiceren sowieso de norm. Een professional in Nederland kan dit interpreteren als 'overdreven'... of hij voelt zich niet serieus genomen door de cliënt, hetgeen als een bedreiging kan worden beleefd. Het is zinvol dit 'overdreven' gedrag te accepteren als 'een andere manier om zaken tot uitdrukking brengen' en hierin mee te gaan of zelfs nog te versterken door naar nog meer klachten te vragen. De emotie volgen in de vorm van: 'Wat erg voor u' of: 'Ik kan me voorstellen hoe ziek u zich voelt' staat borg voor goede aansluiting.

Een en ander dient in de culturele context van zowel cliënt als arts te worden beschouwd.

'Vanuit welk referentiekader spreekt de cliënt?' is de meest relevante vraag voor de professional. In sommige gevallen kan de ziekterol noodzakelijk zijn voor cliënt om hem voor de statusval van 'mislukt' te behoeden. Het zelfrespect en dus de eer voor de groep is 'gered', wanneer het voor alle omstanders duidelijk is dat de klachten een ziekte betreffen. Naar de dokter gaan, medicijnen gebruiken en dergelijke zijn in dit kader van belang om deze rol van 'zieke' te bevestigen en te etaleren. Een kosten-batenanalyse van de klachten kan uitkomst brengen. De rol van 'zieke' blijft bewust of onbewust aantrekkelijk zolang de balans doorslaat naar baten. Het is zinvol om deze analyse al in een vroeg stadium te maken en de financiële scenario's hierbij te betrekken.

De impliciete waarden en normen van de professional spelen een belangrijke onderbelichte rol: hoe dient een cliënt zich te gedragen? Deze impliciete waarden en normen kunnen een open communicatie in de weg staan. Professionals vallen nog wel eens terug op stereotypering wanneer de communicatie moeilijk wordt. Dan ligt het aan de gebrekkige taal, de geesten ter verklaring van de klachten... Kortom, spiegelen is moeilijk.

De migrantencliënten op hun beurt wijten de miscommunicatie aan de professionals, die hen zouden discrimineren. Aandacht en betrokkenheid zijn uitermate belangrijk en het is een valkuil voor de professional om meteen met een oplossing aan te komen. Het feit dat er naar hun verhaal geluisterd wordt, is voor velen al een belangrijke opluchting.

'Onderzoek of behandeling in het land van herkomst is zinloos'

Soms wordt in Nederland nogal geringschattend gedaan over de professionals in landen van herkomst. Behalve dat dit onnodig kwetsend is voor de cliënt in kwestie, is het lang niet altijd gerechtvaardigd en al helemaal niet slim. Het werkt eerder contraproductief en leidt bij de cliënt vaker tot meer vertrouwen in de professional in het land van herkomst, hetgeen weer pijnlijk kan zijn voor de Nederlandse professional. Het belang van cliënt blijft ook hier voorop staan en het is raadzaam om deze professional van elders bij voorkeur bij de oplossing van het probleem te betrekken. Dit is nog een belangrijk argument voor het opnemen van migrantenprofessionals in een team. Een medisch verslag in bijvoorbeeld het Pools is niet door iedereen te lezen. In dit kader is het verzamelen van informatie over eerder uitgevoerde medische onderzoeken een belangrijke eerste stap.

'Discriminatie bestaat vooral in het hoofd van de migrantenwerknemer'

Helaas is dit niet waar. Het aantal klachten dat bij Artikel 1 (het vroegere Landelijk Bureau ter bestrijding van Rassendiscriminatie, LBR) binnenkomt, is de laatste jaren sterk gestegen. De meeste werknemers schamen zich om hierover te praten met een autochtone Nederlander. Expliciet vragen naar 'grapjes' kan de cliënt helpen om hier iets over te vertellen. Voelt de cliënt zich met respect behandeld door chef en collega's? Kan over deze onderwerpen gesproken worden met de chef? Hoe zit het met promotie- en carrièrekansen? Een en ander kan betekenen dat de cultuur van de werkvloer meer aandacht behoeft. Hoe gaat het management om met discriminatie? Wordt dit erkend of juist gebagatelliseerd? Wordt interculturele coaching overwogen? Onvoldoende perspectief op de werkvloer en werken onder het niveau van opleiding zijn ziekmakende stressoren, zeker als 'je autochtone collega fluitend carrière maakt'.

Casus

Mehmet is 45 jaar en afkomstig uit Izmir in Turkije, waar hij een universitaire opleiding geschiedenis heeft gevolgd. Hij is afkomstig uit een welgestelde familie van lokale bestuurders. Zoals bij zovelen van zijn studiegenoten wenkte Europa en een aantal van hen vertrok daadwerkelijk met als doel verbreding van horizon, zo ook Mehmet. In Nederland leerde hij een Turks Nederlandse vrouw kennen, met wie hij trouwde tegen het advies in van zijn ouders. Het vinden van een baan op zijn niveau is niet gelukt en uiteindelijk gaat hij werken als productiemedewerker in een internationaal bedrijf. Daar wordt zijn hogere opleiding – in vergelijking met zijn autochtone collega's – wel degelijk onderkend en hij volgt tal van cursussen met als doel ooit een leidinggevende functie te kunnen bekleden. Deze ambitie wordt door zijn collega's niet echt gewaardeerd, want 'hij spreekt niet eens goed Nederlands'. Na een woordenwisseling op de werkvloer, waar hij zijn emoties niet meer onder controle heeft, ontwikkelt hij een forse depressie en een periode van langdurig verzuim volgt. Daarnaast is zijn echtgenote, de moeder van hun drie kinderen, 'steeds geëmancipeerder', zodat hij de echtelijke woning verlaat en zijn intrek neemt bij zijn broer, die in dezelfde stad woont. 'Hoe heb ik ooit naar Nederland willen komen?' is een vraag waar hij geen antwoord op heeft. Zijn dromen zijn weg en hij wil terug naar Turkije, ook al weet hij dat zijn kansen daar inmiddels ook verkeken zijn. Zijn vrouw wil 'onder geen voorwaarde' mee, zodat het huwelijk steeds onduidelijker wordt. Terugkeer naar zijn baan als productiemedewerker is in zijn beleving onmogelijk; zijn zelfbeeld is al te zeer beschadigd door de 'te lage functie'.

De bedrijfsarts beziet zijn situatie vanuit een intercultureel perspectief en roept de assistentie in van een intercultureel psycholoog; de huisarts neemt de medicamenteuze begeleiding voor haar rekening en de partner weigert elke vorm van medewerking. De depressie klaart op op het moment dat Mehmet zich realiseert dat perspectiefverlies de kern is van zijn problematiek en hij beseft dat zijn werk – in welke functie dan ook – bij dit bedrijf nooit zal beantwoorden aan zijn verwachtingen. 45 jaar oud: het moment voor een besluit.

Uiteindelijk krijgt hij bij zijn ontslag een som geld mee van het bedrijf, zodat hij in Turkije een bedrijfje kan opzetten samen met een paar familieleden.

Een voorbeeld van een prachtige samenwerking tussen alle betrokken partijen.

Het boekje getiteld *Een arts van de wereld. Etnische diversiteit in de medische praktijk* is de moeite van het lezen waard en bestaat grotendeels uit interculturele casuïstiek (Seeleman et al., 2005). In het nascholingstijdschrift *Bijblijven* staat het artikel 'Interculturele communicatie' (Harmsen, 2008), waarin bevestigd wordt dat interculturele effectiviteit begint bij zelfkennis.

7.4 Werken met een tolk

De aanwezigheid van een tolk – een derde persoon – bij het gesprek maakt de situatie ingewikkelder. Het organiseren van een tolk wordt vaak als 'lastig' gezien om bij de planning rekening mee te houden. Cliënten brengen vaak familieleden, vrienden of buren mee om te tolken. Dit heeft als voordeel dat nieuwe informatie ter beschikking komt maar tegelijkertijd bestaat het risico dat deze 'tolk' partijdig is. Cliënten geven vaker de voorkeur aan bekenden als tolk in verband met vertrouwen en angst voor praatjes.

Wanneer de partner of een andere volwassene meekomt naar het gesprek, is dat een belangrijke manier om betere informatie te krijgen en om een bepaalde uitleg gemakkelijker te kunnen overdragen. Zij zijn gesprekspartner voor beide partijen en woordvoerder voor de cliënt. Zij vatten samen en interpreteren het gezegde. Uit onderzoek blijkt dat deze niet-professionele tolken veel niet vertalen (Aranguri et al., 2006). Het zal duidelijk zijn dat in deze situaties geen garantie bestaat voor kwaliteit; onafhankelijkheid is niet gegarandeerd evenals privacy en geheimhouding.

Kinderen van cliënten bij het gesprek uitnodigen of hen beschouwen als tolk wordt in hoge mate afgeraden, omdat het schadelijk is voor de ouder-kindrelatie. Veel vragen zijn buitengewoon beschamend voor zowel kind als ouder. Het gevaar van parentificatie[4] ligt hier op de loer.

Het inzetten van een tolk heeft invloed op de inhoud van het gesprek. Het is onmogelijk voor een tolk om alle waarden en normen buiten het gesprek te houden. Alle drie personen – tolk, professional en cliënt – dragen bij aan hetgeen wordt uitgewisseld.

Tolken via de telefoon betekent dat de tolk geen beschikking heeft over de non-verbale uitwisseling tijdens het gesprek: het merendeel van de informatieoverdracht. Het is dan aan de professional om de non-verbale informatie te expliciteren.

Tolken hebben een geheimhoudingsplicht en mogen niet tolken in gesprekken die hen tot voordeel zouden kunnen strekken. Professionele tolken werken voor het Tolk en Vertaalcentrum Nederland

4 Zie Definities

(TVcN). Zij zijn merendeels afkomstig uit het buitenland en het Nederlands is niet hun moedertaal. Zij worden geacht alles te vertalen en zijn geen gesprekspartner. Werken met een 'vaste' tolk kan problemen verminderen, omdat men elkaars interpretaties en codes beter kent. Het is echter een illusie te denken dat met het inzetten van professionele tolken alle communicatieproblemen zijn opgelost (Bot, 2007).

7.5 Interculturele effectiviteit

Uit onderzoek komt naar voren dat wereldwijd een aantal menselijke eigenschappen ('personality traits') universeel genoemd kan worden. Vijf basisdimensies ofwel de 'big five' worden onderscheiden (McCrae & Costa, 1997):
1 emotionele stabiliteit-instabiliteit;
2 extravert-introvert;
3 zorgvuldig-onzorgvuldig;
4 vriendelijk-onvriendelijk;
5 intellectueel autonoom-afhankelijk.

Het is de bedoeling dat hier in de toekomst een zesde dimensie aan wordt toegevoegd: *integriteit* (Marcus et al., 2007). In de praktijk betekent integriteit: doen wat je zegt en zeggen wat je doet. Mogelijk is deze zesde dimensie van wezenlijk belang om de wervelwind van globalisering in goede banen te kunnen leiden.

Voor iedereen in deze samenleving wordt het steeds belangrijker om effectief op te treden in interculturele situaties. Steeds vaker en op elk terrein van de samenleving zullen wij mensen ontmoeten met een andere culturele achtergrond dan de onze. Vermijdingsgedrag, dat wil zeggen, de ander uit de weg gaan, wordt steeds lastiger. In het verleden kwam het voor dat sommige professionals wijken met veel migranten of cliënten met een andere culturele achtergrond ontweken. In de toekomst zal steeds vaker een beroep worden gedaan op de zogenaamde 'interculturele effectiviteit'.

Om als professional intercultureel effectiever te zijn, is nieuwsgierigheid naar de belevingswereld van de Ander van groot belang. Even belangrijk is het zowel respectvol als effectief omgaan met mensen met een andere cultuur, ras of religie. Dit betekent in de praktijk dat de interculturele competenties, die samen de interculturele effectiviteit vormen, aangescherpt dienen te worden om professionaliteit op peil te houden of te verbeteren. Deze competenties zijn complex: een combinatie van motivatie, kennis en vaardigheden, die gebaseerd zijn op de volgende uitgangspunten:

- bewust van eigen culturele achtergrond: wie ben ik;
- het wereldbeeld van de Ander leren kennen: meer parate kennis; relevante boeken lezen;
- cultureel specifieke interventies strategisch hanteren: intervisie, oefening baart kunst.

In de literatuur worden vijf factoren van interculturele effectiviteit benoemd (Van der Zee & Van Oudenhoven, 2001):
1. culturele empathie of sensitiviteit: het vermogen zich in te leven in de gevoelens, gedachten en gedragingen van mensen met een andere cultuur;
2. openheid: verwijst naar een open en onbevooroordeelde houding ten opzichte van andere groepen en andere waarden en normen;
3. sociaal initiatief: neiging om naar buiten te treden in een andere cultuur. Initiatief nemen in een sociale situatie is eveneens een vaardigheid, die de interculturele effectiviteit ten goede komt. Men kan ook aan cliënten vragen hoe een en ander verloopt in de praktijk van hun cultuur van herkomst;
4. emotionele stabiliteit: het vermogen om kalm te blijven in stressvolle situaties;
5. flexibiliteit: het vermogen om gedrag aan te passen aan afwijkende situaties.

In tegenstelling tot de laatste twee dimensies, die meer constitutioneel zijn, zijn de eerste drie dimensies sociaal van aard en in principe trainbaar. Deze drie universele eigenschappen blijken te correleren met succesvolle interculturele contacten (Van Oudenhoven & Van der Zee, 2002).

Hoe vergroot men de interculturele effectiviteit?

Taal: de gemakkelijkste manier om een andere cultuur te leren kennen, is door het leren van de taal van de Ander. Taal en cultuur gaan hand in hand. Nu is het leren van Chinees of Arabisch niet meteen geregeld, maar het aanleren van een paar beleefdheidsuitdrukkingen komt de aansluiting enorm ten goede. Het gaat bij aansluiting niet eens zozeer om de parate kennis van een paar woorden, maar veel meer om de attitude van degene die de cliënt ontvangt. Wanneer men veel cliënten ziet uit een bepaald land van herkomst, is het niet zo heel erg ingewikkeld om een paar van deze uitdrukkingen te leren. Het is het gebaar dat telt.

Literatuur: wie van lezen houdt, kan veel leren over de Ander door te lezen. Zoals Louis Couperus' *Eline Vere* een kijkje biedt achter de coulissen van het Haagse milieu aan het begin van de twintigste eeuw, zo bieden schrijvers uit een andere cultuur een prachtige gelegenheid om iets meer te weten te komen over het leven elders.

Topografie: het kan geen kwaad om bij benadering te weten waar de landen van herkomst gelegen zijn op de wereldkaart. Wanneer iemand niet afkomstig is uit de hoofdstad, kan men de cliënt vragen te tekenen waar zijn geboorteplaats gelegen is. Ook wat dit betreft kan het geen kwaad om bijvoorbeeld te weten dat Mogadishu de hoofdstad is van Somalië en dat de burgeroorlog in dat land al meer dan vijftien jaar duurt. In ieder geval ligt hier een mooie kans om te werken aan aansluiting.

Vakantie: een bezoek aan bepaald land van herkomst van cliënten biedt veel mogelijkheden om een gesprek leuk te beginnen en komt aansluiting ten goede. Als men verder kijkt dan het hotel is een dergelijk bezoek te vergelijken met een interculturele training. Vaak leert men tegelijkertijd iets over de geschiedenis en de politieke en economische situatie van een land. Onderwerpen die iedere cliënt, afkomstig uit dat land, zullen aanspreken. Een souvenir uit een bepaald land in de spreekkamer is een anker voor degene die – vaak gespannen – binnenkomt en kan het ijs breken.

Relatie met de lokale gemeenschap: we hoeven niet per se naar het buitenland om mensen te ontmoeten met een andere cultuur. In alle steden zijn inmiddels bepaalde gemeenschappen ontstaan met eigen winkels, clubs en stichtingen. Persoonlijke contacten met een paar mensen uit een gemeenschap kunnen heel informatief zijn en mogelijk hulp bieden op een bepaald moment.

Een middag teambuilding op safari? www.citysafari.nl

Tot slot een paar eenvoudige tips die de aansluiting bevorderen. In de bejegening bij kennismaking is voor veel migranten onmiddellijk duidelijk of zij zich gerespecteerd voelen in hun zijn. Neem de tijd om cliënt binnen te laten, koffie of thee aan te bieden, jas aan te nemen en een paar algemene vragen te stellen. Een open houding gepaard aan een gezonde nieuwsgierigheid is uitnodigend. Iedere mens is uniek en welk verhaal heeft deze persoon te vertellen? Een betrokken houding, die niet per se meer tijd hoeft te kosten, geeft een gevoel van veiligheid. Een vraag stellen om meer te weten te komen en luisteren naar het antwoord. Duidelijkheid om verwachtingen op één lijn te krijgen en afspraken vast te leggen. Vertrouw op uw communicatieve talenten. Deze tips gelden overigens voor iedereen.

7.6 Opleiding en deskundigheidsbevordering

Artsen moeten tijdens hun opleiding intercultureel getraind worden. Zonmw – een organisatie, die zich bezighoudt met onderzoek en vernieuwingsprojecten op het gebied van de gezondheidszorg – komt tot deze conclusie na een inventarisatie aan de medische faculteiten: 'Medische opleidingen gaan nog te veel uit van een witte samenleving, terwijl in Amsterdam bijvoorbeeld de helft van de bevolking migrant is'. Dit geldt overigens ook voor andere opleidingen zoals psychologie. Het medisch centrum van de Vrije Universiteit in Amsterdam (VUmc) heeft inmiddels een sectie Gezondheidszorg en Cultuur. Enkele reacties ten aanzien van de interculturele vakken tijdens de opleiding is dat dit vaak 'soft' wordt gevonden: 'Het lijkt wel antropologie en voor dat vak hebben we niet gekozen' is een reactie van een student. Ook hier valt op dat meisjes meer openstaan voor diversiteit dan jongens (De Bok, 2003).

Adequaat lesmateriaal moet ontwikkeld worden. Het huidige medisch curriculum dient te worden verbreed. Het accent dient hierbij meer te liggen op het ontwikkelen van een hogere interculturele effectiviteit dan op zuiver medisch inhoudelijke aspecten. Het belang en het gevaar van vooroordelen, generaliseren en stigmatiseren verdienen alle aandacht.

Het is wenselijk om in de opleiding van professionals meer aandacht te besteden aan religie en zingeving als relevante aspecten van gezondheid en ziekte. Informatie over de achtergronden van alternatieve geneeswijzen is van belang (Hoffer, 1996).

Voortdurende deskundigheidsbevordering dient te worden geïmplementeerd tijdens de beroepsuitoefening. Een permanente gelegenheid tot interculturele supervisie, waarbij alle interculturele casuïstiek systematisch wordt uitgewerkt, is noodzakelijk. Het behoeft geen betoog dat een dergelijk expertteam intercultureel en interdisciplinair van opbouw is.

De beroepsverenigingen dienen op deze ontwikkelingen gezamenlijk in te spelen bij het opstellen van interculturele en interdisciplinaire richtlijnen (Obihara et al., 2008).

Een e-systeem met de garantie van een onderbouwd antwoord op een interculturele vraag binnen een kort tijdsbestek, kan een realiseerbare oplossing zijn op korte termijn.

8 Toekomst

Niemand blijft helemaal wie hij was als hij zichzelf heeft herkend
Thomas Mann

8.1 Interdisciplinaire aanpak

Belastbaarheidbepaling is niet alleen een medische aangelegenheid, maar een multifactorieel vraagstuk dat een interdisciplinaire aanpak behoeft. Een interdisciplinaire analyse is noodzakelijk om de vele factoren te onderkennen, die leiden tot een besluit over belastbaarheid.

Indien interculturaliteit een van de factoren is bij het bepalen van belastbaarheid, dient hierbij te worden stilgestaan, zodat een interculturele analyse wordt ingevlochten in de interdisciplinaire belastbaarheidsbepaling. Omdat interculturaliteit complex is en met zeer diverse aspecten samenhangt, dient deze toevoeging aan de belastbaarheidsanalyse ook vanuit interdisciplinair perspectief te worden belicht. Belastbaarheidsbepaling bij migranten is een interdisciplinaire en interculturele aangelegenheid.

Het functioneren van de Nederlandse gezondheidszorg in relatie tot de migrantengroepen heeft in deze uitgave relatief veel aandacht gekregen vanwege de nieuwe onderzoeksresultaten, die een breder licht werpen op de leefsituatie van de migrantengroepen. Veel migranten hebben een andere kijk op en beleving van gezondheid, hetgeen doorwerkt in hun functioneren bij arbeid en niet-arbeid. Dit zijn verschillende leefwerelden, die onvoldoende op elkaar aansluiten.

Een bredere visie ten aanzien van belastbaarheidsbepaling sluit aan bij de sterk in opmars zijnde demedicalisering. We zouden in Nederland van een steeds meer postmedische gezondheidszorg kunnen spreken. In de meeste niet-westerse landen is medicalisering juist in ontwikkeling, terwijl wij in Nederland het tegenovergestelde willen realiseren. Dit kan verwarrend werken voor migranten en een extra reden voor hen zijn om zorg – die zij als medisch labelen – in het land van herkomst te zoeken. Een interdisciplinair en intercultureel protocol dient deze verschillende ontwikkelingen mee te nemen bij de belastbaarheidsbepaling.

Bij langdurige klachten en langdurig verzuim van een cliënt heeft zich in de regel een aantal professionals verzameld rondom een werknemer. Het zou een goede maatregel zijn wanneer de diverse hulpverleners en instanties op gestructureerde wijze regelmatig onderling overleg hebben over de gang van zaken een cliënt betreffende. Te vaak werkt men langs elkaar heen. Overleg tussen bedrijfsarts en eerste en tweede lijn is al een belangrijke stap in de goede richting. Sociale zekerheid en zorg dienen ook op andere niveaus meer naar elkaar toe te groeien. Meetbaar resultaat en kosteneffectiviteit dienen onderdeel te zijn van iedere interventie.

De vele klachten van migrantencliënten die samenhangen met hun moeilijke leefsituatie, dienen overeenkomstig te worden aangepakt en voorkomen. Ter preventie moeten letterlijk grensoverschrijdende mogelijkheden worden gecreëerd om hun belastbaarheid op peil te houden. Omdat een zoetwatervis geen zoutwatervis is, kan men denken aan arbeidsovereenkomsten die het een migrantenwerknemer mogelijk maakt een aantal maanden per jaar in het land van herkomst door te brengen. Een grotere flexibiliteit ten aanzien van te werken uren en dagen zal belastbaarheidsverhogend werken. Dit komt alle betrokken partijen ten goede. Het fenomeen 'pendelaar' (zie subparagraaf 2.1.2) verdient nader onderzoek om de kosten en baten helder te krijgen.

Deze ontwikkelingen zullen de complexiteit van de interculturele belastbaarheidsbepaling verhelderen. Dit zijn voorstellen voor verandering, die een systematische aanpak op macroniveau noodzakelijk maken. Een eerste stap om de problemen rondom interculturaliteit bij de bepaling van belastbaarheid aan te pakken is het inventariseren van de drempels, die een interdisciplinaire en interculturele aanpak in de weg staan.

8.2   Van psychosomatisch naar biopsychosociaal

Het woord psychosomatisch riekt naar de dichotomie 'geest en lichaam'. Een dergelijke visie ten aanzien van de mens helpt ons niet om belastbaarheidsbepaling te vergemakkelijken, laat staan de interculturele belastbaarheidsbepaling. Het biopsychosociale model heeft inmiddels zijn intrede gedaan.

Het woord 'biopsychosociaal' voldoet al beter dan 'psychosomatisch', omdat dit de omgeving (het 'zwemwater') meebrengt en dit is voor iedere cliënt van belang, migrant en niet-migrant. Leven in een bepaald zwemwater is van grote invloed op welzijn en gezondheidsbeleving in het algemeen. Omgang met familie, vrienden, collega's of het gebrek hieraan is voor ieder mens belangrijk. Het begrip 'sociale betrokkenheid' wordt steeds meer onderkend en ook in wetenschappelijke zin in verband gebracht met 'medische ziekten' als kanker en hart- en vaatziekten. De invloed van anderen of 'significant others' wordt ook zichtbaar bij het disfunctioneren of ontbreken van een sociaal systeem. 'Sociale aspecten zijn een belangrijke drijfveer om te willen werken', zo blijkt uit eerdergenoemd onderzoek (zie hoofdstuk 4). Een van de kwalijke gevolgen van bijvoorbeeld langdurige werkloosheid is het feit dat mensen vereenzamen en zo de aansluiting met de samenleving gaan missen. En eenzaamheid is een belangrijke factor bij het ontstaan van depressie, omdat eenzame mensen te weinig de gelegenheid krijgen of nemen om hun zelfbeeld te voeden. Depressie wordt niet zonder reden de ziekte van de eenentwintigste (westerse) eeuw genoemd en vrouwen zijn in dit verband kwetsbaarder dan mannen. Volgens de Wereldgezondheidsorganisatie is het percentage depressieve mensen in Europa 5-10. Echter, de biologische blik, die nog te veel wordt gehanteerd ten aanzien van depressie, leidt ons af van het belang van sociale omstandigheden en eigen verantwoordelijkheid.

Wanneer door migratie het zwemwater van cliënt ook nog eens geheel verandert, is het nog meer van belang om dit gegeven bij belastbaarheidsbepaling mee te nemen. Waar is de familie? Hoe gaat het met hen? Hoe is de aansluiting in de nieuwe leefomgeving? Hoe gaat deze individuele migrantencliënt om met een zeer sterk veranderd – lees: verarmd – sociaal systeem? Voor iemand die is opgegroeid in een collectieve samenleving moet dit moeilijk zijn.

Het is soms ongelooflijk hoe mensen met moeilijke levenservaringen zich ondanks alles staande weten te houden. De kracht hiervoor ontlenen zij vaak aan hun familie. In veel culturen is opvoeden niet in de eerste plaats een zaak van de ouders, maar van de grootfamilie of van een heel dorp. De emotionele verbondenheid, die door de migratie op de proef gesteld wordt, dient bij voorkeur door de grootfamilie hersteld te worden met als doel het voortbestaan van de familie te waarborgen. Migratie is altijd een cultuurovergang met als risico het uiteenvallen van voorheen hechte familiebanden.

In Nederland komen migranten voor hulp vaak terecht bij witte middenklasseninstellingen, waar professionals werken, die de individualistische samenleving als norm zien. Het is aan te bevelen dat deze instellingen meer aansluiting zoeken bij de hier aanwezige familieleden van hun cliënten, zodat de hulpvragers meer op hun eigen manier en op eigen kracht hun levensproblemen het hoofd kunnen bieden. De grootfamilie kan dan adequaat steun bieden als een 'beschermjas' (Tjin A Djie, 2003). Zelfs bij verspreiding over de wereld kan het systeem van de grootfamilie intact blijven door de toegenomen mobiliteit en de verbeterde telecommunicatie.

De transculturele systeemtherapie, die momenteel in Nederland wordt geïntroduceerd, kan worden toegesneden op de aanpak rondom verzuimproblematiek (Seddik, 2005).

Het begrip 'ubuntu' verdient nadere aandacht om meer als leidraad te worden gezien bij preventie en het opstellen van interventies.

> Talmud: 'Doe je naaste niet aan wat kwetsend is voor jou'
> Mohammed: 'Je gelooft pas echt als je voor anderen wenst wat je ook voor jezelf wenst'
> Boeddha: 'Kwets anderen niet met wat jou kwetst'
> Mattheüs: 'Behandel anderen steeds zoals je zou willen dat ze jou behandelen'
> Isocrates: 'Doe niet aan anderen wat u zelf niet wenst te ondergaan'

Huisbezoek

In sommige gevallen kan een huisbezoek overwogen worden, zodat de cliënt in zijn eigen omgeving en met zijn 'significant others' zijn arbeidssituatie kan bespreken. Ook dit sluit goed aan bij een interdisciplinaire aanpak, zodat in teamoverleg bepaald kan worden welk teamlid het beste het huisbezoek kan afleggen. De gemeente Tilburg heeft goede ervaringen opgedaan met huisbezoek georganiseerd vanuit de Sociale Dienst: de cliënt is blij met persoonlijke aandacht; een huisbezoek wordt in de regel als minder stressvol ervaren dan een bezoek aan het kantoor van de Sociale Dienst; men is dan vaak meer bereid om openheid van zaken te geven en de competenties en ambities van cliënt komen zo duidelijker naar voren.

In bepaalde gemeenten zijn initiatieven ontwikkeld om bijvoorbeeld inburgering en re-integratie te combineren (zie voor het eindrapport van een regioplan: www.inburgering.net).

Samenwerking op alle fronten is het devies.

8.3 'De' Nederlandse cultuur

Preventie van arbeidsgerelateerde problemen bij migranten is van groot belang om uitval en marginalisering te voorkomen. Voor nieuwkomers is het van belang dat zij daarnaast ook meer leren over de Nederlandse gezondheidszorg. Uit onderzoek blijkt behoefte aan de ontwikkeling en implementatie van modules over arbeid en verzuim in het middelbaar beroepsonderwijs. Eigen verantwoordelijkheid en zelfreflectie verdienen hierbij extra aandacht met het oog op de rol van toekomstig werknemer. Deze modules zijn overigens voor alle leerlingen van belang (Dautzenberg et al., 2005).

'De' Nederlandse cultuur kenmerkt zich door rationaliteit en is sterk op efficiëntie gericht. Dit heeft een hypergeorganiseerde samenleving opgeleverd, die blijkbaar een grote aantrekkingskracht uitoefent op andere wereldburgers gezien het feit dat er nog steeds mensen immigreren. In het verleden trokken Nederlanders de wereldzeeën over en gingen ook elders met rationaliteit gericht op efficiëntie aan de slag. Deze rationaliteit hangt samen met denkpatronen, waaronder de bekende 'hokjesgeest': mensen worden al snel in een 'hokje' geplaatst en ieder die zich in dat hokje bevindt, krijgt een aantal eigenschappen toegedicht en dient zich hiernaar te gedragen. Deze ingesleten gewoonte maakt het voor de Ander niet gemakkelijk om tot de in-groep te gaan behoren, anders gezegd: hij moet beschikken over uitzonderlijke kwaliteiten om tot deze groep te worden toegelaten. Dit is vaak een onbewust proces dat leidt tot uitsluiting. Schaduwkant van het hokjesdenken is dat deze Ander vaak als minder wordt gewaardeerd. De Nederlandse cultuur is ook zeer flexibel: waren rangen en standen in de jaren zestig van de vorige eeuw nog van belang, deze wijze van onderscheid maken is in één generatie verdwenen. 'Arbeiderskinderen' gingen studeren, protestanten en katholieken tennissen samen en homoseksualiteit is in relatief korte tijd geaccepteerd. Misschien heeft de komst van immigranten eraan bijgedragen dat deze processen vlot verliepen. Uitdaging voor de toekomst is nu om deze nieuwe Ander te accepteren met een weer andere overtuiging, kleding- en voedingsgewoonten enzovoort...

De internationale ontwikkelingen gaan echter dermate snel dat het van het grootste belang is te leren de Ander als volwaardig burger te zien. Mensen met meer identiteiten hebben in dit proces een belangrijke brugfunctie. Het begrip 'biculturele identiteit' en 'triculturele identiteit' is volop in ontwikkeling en een verrijking voor de globaliserende samenleving. Zij zijn de voortrekkers in de wereld van de eenentwintigste eeuw.

De vraag voor de toekomst is hoe een zoetwatervis ook een zoutwatervis kan worden en vice versa. Wat is het geheim van de zalm? Hoe kunnen mensen leren om een dubbele identiteit op een gezonde manier te hanteren?

Betaalde arbeid is een belangrijke randvoorwaarde voor migranten om zich een solide positie te verwerven in de samenleving. Het is onze taak als professional om deze werknemers zodanig te faciliteren dat zij op een gezonde manier aan het werk blijven. Belastbaarheidsbepaling is hiervan een belangrijk onderdeel en een essentiële bijdrage aan een goed functionerende interculturele samenleving: een verantwoordelijkheid voor iedere professional.

Om met de wijze woorden van de heer Rinnooy Kan af te sluiten: als Europeaan, als Nederlander, als werknemer en als mens.

Tot slot

> Ons bestaan is zo vergankelijk als de herfstwolken.
> Het gadeslaan van geboorte en dood van levende wezens is als het kijken naar de bewegingen van een dans.
> Een mensenleven is als een bliksemflits in de lucht en kolkt voorbij als een stroompje dat van een steile berg naar beneden raast.
>
> *Gautama Boeddha*

Interviews

Arnold Fung Fen Chung, bedrijfsarts:

'Ik ben geboren in Suriname, waar ook mijn beide ouders zijn geboren. De ouders van mijn vader komen uit Kanton in China en zij wilden hun geluk beproeven in Suriname. Zij kwamen uit een boerenfamilie. Mijn opa ging als eerste en later kwamen mijn oma en de oudste broer van mijn vader. De vader van mijn moeder is ook geboren in China en op 14-jarige leeftijd kwam hij naar Suriname; de moeder van mijn moeder is geboren in Suriname in een Chinese familie.
Ik groeide op in het district Nickerie, een welvarend rijstdistrict op een afstand van 250 km van Paramaribo. Mijn opa had een groot familiebedrijf opgebouwd, waar ook mijn ouders werkten. Het was een leuke en gelukkige periode. Met mijn ouders spreek ik Nederlands en ik spreek ook Surinaams. Ik vind het ontzettend jammer dat ik geen Chinees heb geleerd.
Tot mijn 12e jaar heb ik mij niet gerealiseerd dat ik opgroeide met Hindoestaanse, Javaanse en Creoolse kinderen en ik kwam bij alle families over de vloer. Er werd geen verschil gemaakt tussen wie dan ook.
Omdat ik vwo-advies kreeg bij afsluiting van de basisschool, ging ik op 12-jarige leeftijd naar Paramaribo om naar het lyceum te gaan. Ik heb een jaar bij mijn grootouders gewoond, voordat mijn ouders en zusje ook naar Paramaribo kwamen. Politieke onrust bleef beperkt tot een paar stakingen.
Op mijn 18e jaar besloot ik naar Nederland te gaan om medicijnen te gaan studeren. Toen het lotingsysteem veranderde, kon ik instromen en werd ik in Leiden geplaatst. In de studie geneeskunde was absoluut geen aandacht voor andere culturen behalve de Tropen. In Leiden heb ik ook cursussen Chinees gevolgd. Het eerste wat mij in Nederland opviel, is dat alles schoon en netjes is. De eerste jaren had ik alleen Surinaamse vrienden, omdat wij in de weekenden in Leiden bleven. Het waren de zeventiger jaren en wij zagen onszelf als Nederlanders;

het was de tijd van Den Uyl. Ik heb nog steeds drie vrienden uit Suriname, die ik regelmatig zie. Na mijn studie heb ik niet echt overwogen om terug te gaan naar Suriname. Er waren daar weinig mogelijkheden ondanks de werkloosheid in Nederland voor artsen. In Groningen heb ik de opleiding acupunctuur gevolgd, de meest geaccepteerde alternatieve opleiding, die ik toepas bij mensen met onverklaarde klachten. In mijn werk als arts merk ik niet dat er speciale aandacht is voor migranten; veel van mijn Rotterdamse collega's zijn zelf ook migrant. Ik realiseer me dat ik meer bevoorrecht ben dan de meeste migranten die ik via mijn werk ontmoet.

De waarde die ik sterk heb meegekregen vanuit mijn opvoeding is respect voor de ander ongeacht zijn achtergrond. Integriteit is een voorwaarde. Wat ik mijn Nederlandse collega's meer zou gunnen is bescheidenheid. Al met al ga ik rimpelloos door het leven.'

Hossain Hashemi, bedrijfsarts:

'Ik ben geboren en getogen in Afghanistan. In Kabul heb ik mijn artsenopleiding gevolgd. Ik heb zeven jaar ervaring opgedaan in Afghanistan, voordat ik met mijn vrouw en twee kinderen naar Nederland kwam. Naast mijn talencursus heb ik twee jaar coschappen gedaan aan de Erasmus Universiteit in Rotterdam, voordat ik begon als bedrijfsarts. Ik heb een prima contact met al mijn collega's en ik voel mij niet als een ander behandeld. Wat heel belangrijk is in mijn werk is om ieder mens te beoordelen als een individu en niet als een "allochtoon". Cliënten proberen wel eens misbruik te maken van hun culturele achtergrond en iemand moet hun toch iets durven zeggen. Zo herinner ik me een werknemer die zich ieder jaar ziek meldde met hoofdpijn tijdens de ramadan. Ik heb hem gezegd dat hij "naar de hemel wil op kosten van zijn werkgever". Met een ziekte of gebrek kunnen we een beroep doen op een wet en als er van ziekte of gebrek geen sprake is, kun je dus geen beroep doen op deze wet. Een ander (extreem) voorbeeld is dat ik tijdens een sociaalmedisch overleg bij een groot bedrijf geconfronteerd werd met een zeer suggestieve vraag van een manager over een allochtone werknemer. De manager wilde een verband leggen tussen een astma-aanval en de ramadan. Zijn enige reden hiervoor was dat betrokkene twee jaar achter elkaar in dezelfde periode van het jaar verzuimde. Ik was verbaasd en vond die opmerking zo goedkoop en onredelijk dat ik er in eerste instantie niet op wilde ingaan. Een astma-aanval is iets anders dan hoofdpijn en bovendien viel het verzuim niet eens tijdens de ramadan.

Mijn ervaring als migrant is dat je nooit het voordeel van de twijfel

krijgt. Het irriteert me wel eens dat er altijd over een accent wordt gesproken. Hoeveel complimenten ik ook krijg, toch wordt er soms een opmerking gemaakt, als zou ik niet goed te verstaan zijn. Ik kreeg zelfs bij aanvang van mijn werk een taalcursus aangeboden om mijn Nederlands te perfectioneren. De docent van deze cursus vertelde me echter dat hij mij niets te leren had. Ik heb hem gevraagd of hij dit zelf aan mijn werkgever wilde uitleggen!
Het is belangrijk mensen als mens te waarderen en niet te kijken naar haarkleur of huidskleur. Als mensen voelen dat er onvoldoende respect is in het contact, dan komt er weerstand; misschien dat dit bij een allochtoon meer opvalt!'

Turgut Hefti, arbeidsdeskundige:

'In mijn werk als arbeidsdeskundige kom ik geregeld in aanraking met cliënten waarvan verondersteld wordt dat zij vanwege gezondheidsproblemen tot een verminderde arbeidsprestatie in staat zouden zijn. Mijn taak bestaat er dan uit om te bezien of, en zo ja op welke wijze, deze mensen naar werk begeleid kunnen worden.
Daarbij hanteer ik als uitgangspunt, dat iedereen die wil én kan werken én voldoende gekwalificeerd is vroeg of laat aan het werk moet kunnen komen. Door de vergrijzing en ontgroening ontstaat de komende decennia immers een structureel tekort aan arbeidskrachten. Dit tekort biedt uitstekende kansen voor mensen die weer aan de slag willen of afscheid hebben moeten nemen van hun vorige functie.
In mijn aanpak kies ik altijd voor een individuele en holistische benadering. Met *individueel* bedoel ik dat ik vanuit arbeidskundig oogpunt niet of nauwelijks geïnteresseerd ben tot welke groep (afkomst, religie enz.) mijn cliënt behoort. Als arbeidsdeskundige wil ik slechts weten wat *deze persoon* nodig heeft om weer duurzaam het werk te kunnen oppakken.
Met *holistisch* bedoel ik dat ik er naar streef oog te hebben voor alle obstakels en vraagstukken die de werkhervatting in de weg kunnen staan. Die obstakels zijn zeer divers. Het kan daarbij gaan om gezondheidsklachten, schulden, privéproblematiek, zingevingsvraagstukken enzovoort. Daarbij waak ik voor een te sterke focus op gezondheidsklachten en verminderde belastbaarheid. Natuurlijk heeft het geen enkele zin om iemand zonder benen te begeleiden naar een functie waarin veel gelopen moet worden. In de praktijk zie ik evenwel geregeld te vaak de nadruk gelegd worden op de door gezondheidsklachten verminderde belastbaarheid. Mijns inziens is dit een hardnekkig overblijfsel uit de afgelopen decennia. Een tijdvak waarin al-

lerlei vraagstukken tussen werknemer en werkgever (arbeidsongeschiktheid, arbeidsconflicten en reorganisaties) niet werden opgelost, maar werden gemedicaliseerd. Via medicalisering lag immers de poort naar de eeuwigdurende WAO open.

Via dit mechanisme zijn zeer veel werknemers in een uitkering weggestopt. En eenmaal in de uitkering bleek het voor deze groep werknemers zeer lastig om weer aan het werk te komen. De route van-werk-naar-uitkering-naar-werk bleek voor de meesten te zwaar. De fuik van de WAO deed zijn werk.

Gelukkig zien we inmiddels de opkomst van de zogenaamde van-werk-naar-werktrajecten. Trajecten waarbij men niet blijft hangen in wat mensen jammer genoeg niet meer kunnen, maar vooral wordt gekeken naar de mogelijkheden. Werknemers die niet meer in staat zijn hun oude werk te verrichten worden steeds vaker naar nieuw, wel passend, werk begeleid.

De opkomst van van-werk-naar-werktrajecten komt niet uit de lucht vallen, maar heeft alles te maken met de sterk versoberde sociale zekerheid in combinatie met het structurele tekort aan werknemers. Onder dergelijke condities heeft het minder zin om te zeer de nadruk op de verminderde belastbaarheid te leggen.

Meermalen heb ik gehoord dat met name Turken en Marokkanen andere denkbeelden over ziekte en arbeidsongeschiktheid zouden hebben dan bijvoorbeeld autochtonen. Zij zouden vaker dan autochtonen geneigd zijn in termen van zwart-wit te denken over ziekte en gezondheid: je bent gezond of ziek.

In mijn praktijk vind ik hiervan eerlijk gezegd weinig terug. Zowel bij allochtonen als autochtonen hanteer ik dezelfde werkwijze (zoals hierboven weergegeven) en zie ik geen significante verschillen in de uitkomsten. Bij beide groepen zie ik de mogelijkheden om ondanks een verminderde belastbaarheid weer aan het werk te gaan (of aan het werk te blijven) flink toenemen.'

Kemal Inci, gz-psycholoog:

'Interculturele factoren spelen zeker een belangrijke rol bij de belastbaarheidsbepaling van migranten. De invloed van cultuur op de belastbaarheid en de kwaliteit van de belastbaarheidsbepaling is echter niet zomaar objectief vast te stellen. De moeilijkheid van de belastbaarheidsbepaling bij migranten zit hem zowel in het verkrijgen, het duiden als in het wegen van relevante informatie. Dit is bij alle cliënten moeilijk, maar bij migranten in het bijzonder. Bij het verkrijgen van relevante informatie is het allereerst van wezenlijk belang dat de onderzoeker adequaat communiceert en aansluit op het taal- en begripsniveau van de cliënt. De communicatie wordt echter niet alleen door een beperkte kennis van de taal bemoeilijkt, maar ook door culturele aspecten, opleidingsniveau, kennis over de aard en bedoeling van het onderzoek. Bovendien is bij migranten vaak sprake van complexe lichamelijke, geestelijke en sociaalmaatschappelijke problematiek. Dit hangt samen met het feit dat in de loop van de jaren het vertrouwen in artsen is verminderd. Dit geldt nog meer ten aanzien van bedrijfsartsen en verzekeringsartsen, wat uiteraard tijdens het onderzoek in negatieve zin bijdraagt aan de communicatie. Vanwege dezelfde problemen die gelden bij de belastbaarheidsbepaling, zijn bij migranten ook in hun medische voorgeschiedenis diagnoses en behandelingen niet altijd volledig en adequaat geweest. Eerder gestelde diagnoses en genoten behandelingen kunnen daarom bij migranten minder goed als referentiekader dienen voor de belastbaarheidsbepaling. De belastbaarheidsbepaling bij migranten wordt ook bemoeilijkt door een vaak andere presentatie en interpretatie van klachten en beperkingen. De onderzoeker moet hierbij de communicatieve aspecten van deze presentatie weten te onderscheiden van de daadwerkelijke klachten en beperkingen. Het stereotype van de "somatiserende migrant" doet vaak geen recht aan de individuele cliënt en de kwaliteit van de beoordeling. In hun streven naar objectiviteit vragen onderzoekers vaak aan cliënten om hun klachten en beperkingen te concretiseren. Ook streven zij naar een consistent en chronologisch verhaal. De vaardigheden, die hiervoor nodig zijn, hebben migranten vaak niet geleerd. Ook de onderzoeker mist dikwijls specifieke interculturele communicatieve vaardigheden. De geloofwaardigheid en motivatie van de cliënt kan dan ten onrechte in het geding zijn. Als iemand zegt: "Ik ben helemaal kapot", is de daaropvolgende vraag van de onderzoeker: "Kunt u nog een boek lezen?" niet de meest geschikte.

Wat wordt expliciet wel gezegd en wat wordt er niet of alleen impliciet gezegd. Hoe wordt de verbale en non-verbale communicatie geïnterpreteerd? Is iemand agressief of is juist sprake van een geagiteerde depressie? Is iemand onbetrouwbaar of is juist sprake van vermijding in het kader van een angststoornis? Is iemand ongemotiveerd of is juist sprake van een burn-out? Is iemand subassertief of juist beleefd en bescheiden? Is iemand aan het somatiseren of communiceert hij anders? Simuleert iemand of wordt hij niet begrepen?

Zaken als assertiviteit en sociale verplichtingen hebben een andere uitingsvorm in een andere cultuur. Als aan een migrantenvrouw wordt gevraagd naar haar dagelijkse bezigheden teneinde haar belastbaarheid te bepalen: "Kookt u?" en "Ontvangt u bezoek?" dan zal zij dat wellicht beamen. Hierdoor kan de onderzoeker een overschatting maken van haar belastbaarheid, terwijl zij binnen haar cultuur het niet kan maken om gasten te weigeren. Het is dan belangrijker te weten welke prijs zij betaalt om aan haar sociale verplichting te voldoen, hoeveel moeite haar dit kost en wat de invloed is op haar energie en klachten.

Bij de belastbaarheidsbepaling wordt in feite gekeken naar enerzijds de draagkracht en anderzijds de draaglast. In het bijzonder bij cultuurgerelateerde lijdensdruk kan de draaglast onderschat worden en daarmee de draagkracht overschat. Vaak zien we dat de onderzoeker in zijn weging bij gebrek aan objectieve maatstaven zichzelf en de eigen "klinische blik" als uitgangspunt neemt.

De beoordelaar als instrument van zijn beoordeling is echter vaak niet goed geijkt als het gaat om migranten. Het is daarom zeer belangrijk de leefwereld en de waarden en normen van de cliënt te kennen. Even zo belangrijk is het voor de beoordelaar bewust te zijn van de eigen leefwereld en de eigen waarden en normen.

De FML-lijsten (Functionele Mogelijkheden Lijsten), die worden gebruikt, zijn slechts een hulpmiddel en bieden zeker geen garantie voor een goede beoordeling van de belastbaarheid.

Hoe belastend is migratie en ontworteling? Hoe belastend is een echtscheiding binnen de cultuur van de migrant? Hoe belastend is het overlijden van een dierbare in het land van herkomst? Hoe belastend is de schande van een zoon of dochter die op het slechte pad raakt en de familie onteert? Hoe belastend is de schaamte van werkloosheid en arbeidsongeschiktheid voor een man? Hoe belastend is de vernedering die wordt ervaren bij conflicten op het werk waarbij de eer, geloof, waardigheid van de migrant worden aangetast? Een goede inschatting van de lijdensdruk maakt een goede inschatting van de belastbaarheid mogelijk.

De kwaliteit van de belastbaarheidsbeoordeling kan ook in het geding zijn doordat relevante informatie uit schaamte, onwetendheid of een tekort aan vertrouwen, worden achtergehouden. Een Turkse man met een paniekstoornis kan moeilijk re-integreerbaar zijn omdat hij uit schaamte zijn onderliggende angst voor een plotselinge diarreeaanval verzwijgt. Hoe gaat hij zeggen dat hij per se in de buurt van een wc wil gaan werken? Een man die jarenlang zijn schizofrene echtgenote verzorgt en dit niet noemt in het gesprek, omdat hij zich schaamt en de relevantie ervan niet inziet voor de beoordeling. Ook gevoelige onderwerpen als seksuele problemen, gokverslaving, mishandeling en

dergelijke worden moeilijk besproken en hierdoor niet meegenomen in de belastbaarheidsbeoordeling.
Bij vrouwen in het algemeen maar zeker bij migrantenvrouwen vormt de combinatie werk en privé een grote kans op het ontwikkelen van een burn-out, depressie en psychosomatische klachten. De verantwoordelijkheid voor de privézorgtaken ligt vaak bij hen en er zijn geen alternatieven. Vergelijkende onderzoeken naar WAO-percentages bij Nederlandse vrouwen en migrantenvrouwen zijn onduidelijk. Zijn er appels met peren vergeleken? Is bijvoorbeeld gekeken naar het verschil in opleidingsniveau en aard van werkzaamheden en dergelijke? Bedrijfsartsen en verzekeringsartsen moeten zich bewust zijn van de beperkingen van zogenaamde objectieve hulpmiddelen, protocollen en richtlijnen en beseffen dat zijzelf het belangrijkste instrument zijn in hun belastbaarheidsonderzoek. Voor de autochtone populatie zijn zij als instrument redelijk goed "geijkt" maar dit zijn ze niet altijd voor de migrantenpopulatie. Voor een betere ijking zouden zij daarom hun kennis over transculturele problematiek moeten vergroten en hun interculturele gespreksvaardigheden verbeteren.
Kortom, ze moeten cultuursensitiever worden. Ik ben ervan overtuigd dat dit de kwaliteit van de belastbaarheidsbepaling in het algemeen ook ten goede zal komen.'

Haider Mousawi, bedrijfskundige:

'Het belangrijkste dat mij opvalt bij belastbaarheidsbepaling is dat de Nederlandse professional hier een andere invulling aan geeft dan de migrant. De bewustwording van de balans tussen belasting en belastbaarheid moet bij veel migranten nog op gang komen. Met name bij laagopgeleide migranten is er weinig bekend over de rechten en plichten als werknemer in Nederland. Volgens mij maakt herkomst hierbij niet veel uit. Het begrip "gedeeltelijk belastbaar" is hun net zo vreemd als het begrip "halve zwangerschap". Ik spreek nu met name over mensen op productieniveau. Als bedrijfskundige kijk ik ook vanuit economisch perspectief. De vraag is hoever je als professional meegaat in het denken van de werknemer als het gaat om belastbaarheid. Soms zouden mensen vanuit medisch perspectief in staat moeten zijn om te werken, maar attitude en sociale gewoonten bepalen iets anders. Het arbeidsethos is bij veel migranten anders, evenals gewoonten in de familie en de eisen die aan hen gesteld worden. Zij willen hun familie altijd tegemoetkomen en het is onmogelijk om iedereen tevreden te stellen. Keuzes maken is moeilijk.'

Sanjida Rahman, arboarts:

'Ik ben geboren en getogen in Dhaka, Bangladesh. Mijn familie wilde altijd al dat ik arts zou worden, want er zijn veel artsen in mijn familie. Op 18-jarige leeftijd ben ik naar Nederland gekomen en mijn diploma werd ingeschat op havo-4. Na het atheneum ben ik een keer uitgeloot en heb toen een jaar farmacie gestudeerd en daarna ben ik begonnen met geneeskunde in Rotterdam. Veel van mijn medestudenten waren van Turkse en Surinaamse afkomst en omdat zij in Nederland geboren zijn, spreken zij de taal goed. Ik had weinig tijd voor het studentenleven, want ik werkte ook en ging vaak naar familie in het weekend. Wat ik bereikt heb zou niet mogelijk zijn geweest zonder de steun van mijn familie.

Tijdens mijn studie werd er – althans voor mij – voldoende aandacht besteed aan het onderwerp interculturalisatie. Dat heeft met mijn achtergrond te maken, want het is niet voldoende voor iedereen. Er is namelijk een groep studenten die heel gesloten is. Ik denk dat zij problemen zullen krijgen in een stad als Rotterdam. Misschien dat zij nu levenservaring opdoen en zo leren werken met patiënten uit andere culturen.

Het beste dat ik uit mijn Bengaalse cultuur heb meegekregen is open te staan om iets nieuws te leren. Ik vind ook dat mijn autochtone collega's hun emoties niet laten zien. Het hart spreekt te weinig. Misschien dat zij dat van binnen wel voelen – het is ook niet hun fout – maar ik denk dat alle patiënten daar behoefte aan hebben.

De Nederlandse cultuur is echt een werkcultuur. Het werk wordt goed gedaan, maar veel artsen komen in een burn-outsituatie en hebben daardoor minder tijd en aandacht voor collega's en patiënten. Wat betreft de mensen die ik hier in mijn eerste baan zie, vind ik dat er in Nederland heel veel gelegenheid is om uit te zieken. Dat is in andere landen niet zo; daar krijgen mensen geen ziektegeld. Het is een heel luxe systeem en de mensen moeten blij zijn in plaats van te zeuren. Men is een beetje verwend hier.'

Literatuur

Aranguri C, Davidson B, Ramirez R. Patterns of communication through interpreters. A detailed sociolinguistic analysis. Journal of General Internal Medicine 2006;21: 623-9.

Babyak MA, et al. Exercise treatment for major depression: maintenance of therapeutic benefit at 10 months. Psychosomatic Medicine 2000;62.

Bakker W, Zee K van der, Oudenhoven JP van. Individuele verschillen in reacties van migranten ten opzichte van culturele adaptatie. Nederlands Tijdschrift voor de Psychologie en haar grensgebieden 2003;58(4):81-94.

Bauböck R. Changing the Boundaries of Citizenship: the inclusion of immigrants in democratic polities. In: R. Bauböck (ed.): From Aliens to Citizens. Aldershot: Avebury, 1994.

Beekmans K. Een hand kan niet klapt en andere verhalen uit de zwarte klas. Houten: Het Spectrum, 2004.

Bennani J. Le corps suspect. Paris: Editions Galilée, 1980.

Bennegadi R, Bourdillon F. La santé des travailleurs migrants en France: aspects médico-sociaux et anthropologiques. Revue Européenne des Migrations Internationales 1990;6(3):129-43.

Berry JW. Immigration, acculturation and adaptation. Applied Psychology: an International Review 1997;46:5-68.

Blankenstein, A.H. Somatising patients in general practice. Reattribution, a promising approach. Proefschrift. Amsterdam: Vrije Universiteit, 2001.

Blekesaune M, Barrett AE. Marital dissolution and work disability – a longitudinal study of administrative data. European Sociological Review 2005;21(3):259-71.

Blumenthal JA, et al. Effects of exercise training on older patients with major depression. Archives of Internal Medicine 1999;159:2349-56.

Bochhah N, Kort W, Seddik H. Richtlijnen Gebruik Diagnostische Instrumenten bij Etnische Minderheden. Toepasbaarheid van enkele psychologische tests bij personeelsbeoordeling bij etnische minderheden. Landelijk Bureau ter Bestrijding van Rassendiscriminatie en Nederlands Instituut van Psychologen (Sectie Interculturalisatie) in opdracht van het Ministerie van Sociale Zaken en Werkgelegenheid, 2005. home.szw.nl.

Bogers JPAM, Jong JTVM de. Hoge frequentie van opname wegens schizofrenie bij Surinamers in Nederland niet veroorzaakt door meer immigratie van (pre)schizofrene patiënten. Ned Tijdschr Geneeskd, 1998;142:464-8.

Bok M de. Etnisch-culturele diversiteit in de Nederlandse gezondheidszorg. Artsen leren omgaan met cultuurverschillen. Themanummer Zebra Magazine, oktober 2003.

Bornemann T. Nederland investeert nauwelijks in herstel. Interview. PSY 2007;11(11):7-10.

Borra R, Dijk R van, Rohlof H. Cultuur, classificatie en diagnose. Cultuur sensitief werken met de DSM-IV. Houten/Diegem: Bohn Stafleu van Loghum, 2002.

Bot H. Gespreksvoering met behulp van een tolk. De Psycholoog 2007;42(6):362-7.

Bourdieu P. La Distinction. Critique sociale du jugement. Paris: Editions de Minuit, 1979.

Brandt E. Oudere allochtoon leeft langer. Trouw d.d. 27 juni 2003.

Buunk AP, Wolff CJ de. Sociaal psychologische aspecten van stress op het werk. In: Drenth PJD, Thierry HK & Wolff CJ de (red.). Nieuw Handboek arbeids- en organisatiepsychologie (pp. 447-496). Houten: Bohn Stafleu van Loghum, 1992.

Cantor-Graae E, Pedersen CB, McNeil TF, Mortensen PB. Migration as a risk factor for schizophrenia: A Danish population-based cohort study. British Journal of Psychiatry 2003;182:117-23.

Cantor-Graae E, Selten JP. Schizophrenia and migration: A meta-analysis and review. American Journal of Psychiatry 2005;162:12-24.

Castles S, Miller MJ. The age of migration. International population movements in the modern world. 3rd ed, revised and updated. Basingstoke (UK): Palgrave Macmillan, 2003.

Cate TJ ten, Kooij LR. Artsen met een buitenlands diploma in de Nederlandse patiëntenzorg: de nieuwe assessmentprocedure. Ned Tijdschr Geneeskd 2008;152(15): 899-902.

Chemtob CM, Toli DF, Kolk BA van der, Pietma RK. Eye movement desensitisation en reprocessing. In: Foa EA, Keane TM, Friedman MJ (eds). Effective treatment for PTSD: Practice guidelines from the International Society for Traumatic Stress Studies (pp. 139-155/333-335). New York: Guilford Press, 2000.

Croughs IMJ, Wittevrongel V, Hoofs MH. Multidisciplinaire aanpak van chronische pijnklachten heeft langetermijneffect. TBV 2008;16(3):108-9.

Daoud K. Enquête sur le retour des medicines alternatives Hidjama, acupuncture et guerre pour le monopole de la guérison. Le Quotidien d'Oran, 2008. www.lequotidien-oran.com.

Dautzenberg M, Wersch S van, Pardoel K. Preventie van langdurig ziekteverzuim onder allochtone werknemers. Tilburg: IVA Beleidsonderzoek en Advies, 2005.

Dehue T. De depressie-epidemie. Amsterdam: Augustus, 2008.

Deursen CGL van, Houtman ILD, Bongers PM. Werk, privé-situatie, riskante gewoonten en ziekteverzuim: verschillen tussen mannen en vrouwen. Tijdschrift voor Gezondheidswetenschappen 1999;77:105-15.

Dijk R van. Mijn gezondheid is gebarsten als glas. Arbeidsongeschikte Marokkanen en Turken: hun ziekte hun hulpverleners. Tilburg: OSA Institute for Labour Studies, 1985. Publicatie nr. 11.

Dotsch R, Wigboldus DHJ. Virtual Prejudice. Journal of Experimental Social Psychology. In press.

Duijsters M, Belhaj K, Dahhan N. Complex en onbekend. Sociaal-medische begeleiding van allochtone werknemers. Medisch Contact 2005;60(29/30):1223.

Echtelt P. van, Hoff S. Wel of niet aan het werk. Achtergronden van het onbenut arbeidspotentieel onder werkenden, werklozen en arbeidsongeschikten. Den Haag: Sociaal en Cultureel Planbureau, 2008.

Entzinger H, et al. De lat steeds hoger. Rotterdam: Erasmus Universiteit, 2008

Evenblij M. Ziektes kijken wel naar ras. Volkskrant d.d. 22 juni 2002.

Fijn R, Schaafsma E, Maduro T, Brouwers K. Ramadan, een farmacotherapeutische uitdaging. Pharmaceutisch Weekblad 2002;137(5):187-93.

Garssen MJ, Hoogenboezem J, Kerkhof AJFM. Zelfdoding onder migrantengroepen en autochtonen in Nederland. Ned Tijdschr Geneeskd 2006;150:2143-9.

Gernaat HBPE, Malwand AD, Laban CJ, Komproe I, Jong, JTVM de. Veel psychiatrische stoornissen bij Afghaanse vluchtelingen met verblijfsstatus in Drenthe, met name depressieve stoornis en posttraumatische stressstoornis. Ned Tijdschr Geneeskd 2002;146(24):1127-31.

Gezondheidsmonitor. Den Haag: Dienst Onderwijs Cultuur en Welzijn, afd. Epidemiologie, 2006. p. 29-30.

Gezondheidsraad. Beoordelen, behandelen, begeleiden. Medisch handelen bij ziekteverzuim en arbeidsongeschiktheid. Den Haag: Gezondheidsraad, 2005.

Giordano PC, Smit JW, Herruer M, Huisman W, Pouwels JGJ, Verhoef N, Idema RN, Wijermans P. Dragerschapdiagnostiek en preventie van sikkelcelziekte en thalassemia major; aanbevelingen van de werkgroep Hemoglobinopathieën. Ned Tijdschr Klin Chem Labgeneesk 2006;31:301-5.

Graaf R de, Have ML ten, Dorsselaer S van, et al. Verschillen tussen etnische groepen in psychiatrische morbiditeit. Resultaten van Nemesis. Trimbos/MGv 2005;60(7/8): 703-16.

Grootjans-Geerts I. Hypovitaminose D: een versluierde diagnose. Ned Tijdschr Geneeskd 2001;145(43):2057-60.

Grossi G, Soares JJF, Ängeslevä J, et al. Psychosocial correlates of long-term sick-leave among patients with musculoskeletal pain. Pain 1999;80:607-19.

Hall ET. The hidden dimension. New York: Doubleday & Co, 1966.

Harmsen CN, Heijdt J van der, Prins CJM. In Nederland woonachtige personen van Surinaamse en Antilliaanse origine. Mndstat Bevolk 1991;39(4):17-26.

Harmsen JAM. Interculturele communicatie. Bijblijven 2008;22(01). www.bijblijven.bsl.nl.

Hasanoglu A. Suggestion of a New Diagnostic Category: Posttraumatic Embitterment Disorder. Türk Psikiyatri Dergisi 2008;19(1):94-100.

Heijens MRM, Elders LAM, Burdorf A. Prognostische factoren voor langdurig ziekteverzuim door klachten van het bewegingsapparaat onder steigerbouwers. Tijdschrift voor Gezondheidswetenschappen 2003;81(4):196-201.

Hijmans van den Bergh A. Sociaal-medische begeleiding van allochtonen. Een verkennend onderzoek. Utrecht: Forum, 2002.

Hjern A, Wicks S, Dalman C. Social adversity contributes to high morbidity in psychoses in immigrants: A national cohort study in two generations of Swedish residents. Psychol Med 2004;34(6):1025-33.

Hoffer C. Samenwerking tussen artsen en hulpverleners enerzijds en islamitische genezers anderzijds: mogelijkheden en onmogelijkheden. In: Jong JTVM de, Berg M van den (red.). Transculturele psychiatrie & psychotherapie: handboek voor hulpverlening en beleid. Lisse: Swets & Zeitlinger, 1996. p. 255-270.

Hofstede G. Allemaal andersdenkenden. Omgaan met cultuurverschillen. 15e dr. Amsterdam: Contact, 2002.

Holmes TH & Rahe RH. Holmes-Rahe life changes scale. Journal of Psychosomatic Research 1967;11:213-8.

Hubregtse, K. Determinanten van werkstress bij allochtonen: een inventarisatie. In: Diversiteit en werkstress. Multiculturele ontwikkeling van arbeidsorganisaties, Utrecht: Forum, 2000. p. 9-31.

Huiskamp N, et al. Gezondheid in kaart: allochtonen. GGD Rotterdam e.o., 2001.

Huntington SP. The clash of civilizations and the remaking of world order. London: Simon & Schuster, 1996.

Huyse F. Zorg voor heel de mens. Psychiatrische en somatische comorbiditeit. Utrecht: Trimbos-instituut, 2007.

Jaquet C. L'unité du corps et de l'esprit. Affects, actions et passions chez Spinoza. Paris: PUF, 2004.

Jehn, KA, Greer LL, Rupert J. Diversity, conflict and its consequences. In: Brief A (ed.). Diversity at work. Cambridge, UK: Cambridge University Press, 2008. p. 127-174.

Jesserun AY, Raes BCM. Een Antilliaanse psychose? Behandeling van een psychose die door de patiënt geduid wordt als zwarte magie. Tijdschrift voor Psychiatrie 2005; 47(11):807-11.

Jongh A de, Broeke E ten. Een geprotocolleerde behandelmethode voor de gevolgen van psychotrauma; Handboek EMDR. Lisse: Swets & Zeitlinger, 2003.

Jongh A de, Broeke E ten. Introductie van EMDR in Nederland. In: Broeke E ten, Jongh A de, Oppenheim HJ (red.). Praktijkboek EMDR. Casusconceptualisatie en specifieke patiëntengroepen. Amsterdam: Harcourt Publishers, 2008.

Kaldenbach H. Cultuurverschillen op de werkplek. 111 ervaringen met intercultureel management. Amsterdam: Prometheus, 2000.

Kao G, Tienda MT. Optimism and Achievement. The educational performance of immigrant youth. Social Science Quarterly 1995;76(1):1-19.

Klaver J, Ode A. De arbeidsintegratie van vluchtelingen. Een verkenning van problemen en oplossingen. Regioplan Beleidsonderzoek in opdracht van Raad voor Werk en Inkomen, 2003. www.rwi.nl.

Knepper S. Beoordelen, behandelen, begeleiden bij ziekteverzuim en arbeidsongeschiktheid; een advies van de Gezondheidsraad. Ned Tijdschr Geneeskd 2005;149 (49):2712-4.

Knipscheer J, Kleber R. Interculturele psychotherapie – een zekere deceptie of verrijkende uitdaging? Nederlandse Behavioral Medicine Federatie 2007;18(juni):15-9.

Kochan T, et al. The effects of diversity on business performance: report of the diversity research network. Human Resource Management 2003;42(1):3-21.

Kolk BA van der. Beyond the talking cure: Somatic experience and subcortical imprints in the treatment of trauma. In: Shapiro F (ed.). EMDR as an integrative psychotherapy approach: Experts of diverse orientations explore the paradigm prism. Washington DC: American Psychological Association, 2002. p. 57-83.

Lagro MGP, Rijneveld AW, Duvekot JJ. Zwangerschap en sikkelcelziekte: een combinatie met potentieel ernstige complicaties. Ned Tijdschr Geneesk 2008;152(32): 1753-7.

Limburg-Okken, A. Uitsluiting maakt ziek. PSY, 2007;11(11):22-3.

Looij-Jansen P van de, Bun CJE, Butte D, Wilde EJ de. De samenhang tussen psychisch welbevinden en gezinsfactoren bij Turkse en Nederlandse adolescenten. Tijdschrift voor Gezondheidswetenschappen, 2003;81(4):189-95.

Mackenbach JP, Bos V, Garssen MJ, Kunst AE. Sterfte onder niet-westerse allochtonen in Nederland. Ned Tijdschr Geneeskd 2005;149(17):917-23.

Mahy GE., Mallett R, Leff J, Bhugra D. First-contact incidence rates of schizophrenia on Barbados. Br J Psychiatry 1999;175:28-33.

Marcus SV. Phase 1 for integrated EMDR. An abortive treatment for migraine headaches. Journal of EMDR Practice and Research 2008;2:15-25.

McCrae RR, Costa PT. Personality Trait Structure as a Human Universal. American Psychologist 1997;52(5):509-16.

Meershoek A, Krumeich A, Desain L. Arbeidsongeschiktheid, re-integratie en etniciteit. Maastricht: Sectie Gezondheidsethiek en Wijsbegeerte Universiteit Maastricht, 2004.

Meeuwesen L, Harmsen JAM, Bernsen RMD, Bruijnzeels MA. Do Dutch doctors communicate differently with immigrant patients? Social Science & Medicine 2006; 63(9):2407-17.

Mesters B. 'Veel therapeuten ontlopen allochtone cliënten'; Psychiater pleit tegen gemakzucht van behandelaars en voor improvisatievermogen. de Volkskrant d.d. 25 mei 1996.

Nabben T, Yesilgöz B, Korf DJ. Van Allah tot Prada – Identiteit, leefstijl en geloofsbeleving van jonge Marokkanen en Turken. Rotterdam: Ger Guijs, 2006. ISBN 90 6734 521 0.

Nathan T. La folie des Autres; Traite d'Ethnopsychiatrie; Paris: Dunod, 1986.

Nieuwenhuizen E. Ziekte en cultuur: hoe ongezond zijn allochtonen? Zebra Magazine 2003;oktober:3-5.

Noordenbos G. Aandacht voor sekse- en cultuurspecifieke aspecten in de behandeling van depressie. Een aanvulling op de Multidisciplinaire Richtlijn Depressie. Utrecht: Movisie, 2007.

Obihara C, et al. Tussen twee werelden. De grens van medisch zinvol handelen kan per cultuur verschillen. Medisch Contact 2008;63(8):334-7.

Oliemeulen L, Thung FH. Ongehoord. Aansluitingsproblemen bij de behandeling van psychotische patiënten uit verschillende etnische groepen. Antwerpen-Apeldoorn: Garant, 2007.

Örücü H, Seddik H. Ziek zijn in den vreemde: in gesprek met allochtone patiënten. In: Pool G et al. (red.). Handboek psychologische interventies bij chronisch-somatische aandoeningen. Assen: Van Gorcum, 2004. p. 258-68.

Os J van, McGuffin P. Debate: Can social factors cause schizophrenia? British Journal of Psychiatry 2003;182:291-2.

Oudenhoven JP van, Zee KI van der. Predicting multicultural effectiveness of international students: the multicultural personality questionnaire. International Journal of Intercultural Relationships 2002;26:703-26.

Pacemaker in global health, Stichting. www.pacemaker.nl.

Pedersen CB, Mortensen PB. Evidence of a dose-response relationship between urbanicity during upbringing and schizophrenia risk. Archives of General Psychiatry 2001;58:1039-46.

Philips UB. The slave economy of the old south. Baton Rouge: Louisiana State University Press, 1968, p.269.

Pinto, D. Intercultural Communication: a three-step method for dealing with differences. Leuven: Garant, 2000.

Ploeg R van der. Beeld over immigratie strookt niet met feiten. Het Financieele Dagblad d.d. 3 juni 2006.

Poppel J van, Kamphuis P, Marcelissen F, Wersch S van. Allochtonen, sociaal-medische begeleiding en re-integratie. Den Haag: ZonMw, 2002.

Rabbea N, Smits C, Franx G. Wie kiespijn heeft, zoekt zelf een arts. Informatiebehoeften van Turkse en Marokkaanse cliënten met depressie. Cultuur, migratie Gezondheid 2008;5(2):86-95.

Rosendal M, Olesen F, Fink P. Management of medically unexplained symptoms. Includes diagnosis, specific treatments and appropriate communication (editorial). BMJ 2005;330:4-5.

Ryder AG, Alden LE, Paulhus DL. Is acculturation unidimensional or bidimensional? A head-to-head comparison in the prediction of personality, self-identity and adjustment. Journal of Personality and Social Psychology 2000;79(1):49-65.

Santen H van. En dan pas je je aan, word je schizofreen. Onderzoeker: assimilatie vergroot kans op schizofrenie. NRC Next d.d. 11 maart 2008.

Santvliet ADR, Molenaar F. Een kwestie van samen doen. Een verkennend onderzoek naar de arbeidssituaties van werknemers uit etnische minderheidsgroepen. Voorburg: Directoraat-Generaal van de Arbeid van het Ministerie van SZW, 1990.

Scheffer P. Het land van aankomst. Amsterdam: De Bezige Bij, 2007.

Schippan B, Baumann K, Linden M. Weisheitstherapie-kognitive Therapie der posttraumatischen Verbitterungsstörung. Verhaltenstherapie 2004;14:284-93.

Schram C. 'Ouders zijn bang dat ze hun kind afpakken'. Lichte jeugdhulpverlening bereikt weinig allochtone jongeren. Contrast 2007;juli:30-2.

Schudel WJ, Struben HW, Vroom-Jongerden JM. Suïcidaal gedrag en etnisch-culturele afkomst, Den Haag 1987-1993. Epidemiologisch Bulletin 1998;33(4):7- 13.

Seddik H. Transculturele (systeem)therapie. Ervaringen uit Frankrijk met psychotherapie met families gebaseerd op etnopsychoanalyse. Rotterdam: Mikado, 2005.

Seddik S. (2008); Segmented Assimilation. Utrecht: University College Paper.

Seeleman C, Suurmond J, Stronks K. Een arts van de wereld. Etnische diversiteit in de medische praktijk. Houten: Bohn Stafleu van Loghum, 2005.

Seignette I. Surinaamse Nederlanders hebben vaker diabetes. Bloedsuiker, 2006;Lente: 16-9.

Selten JP, Veen ND, Feller WG, Blom JD, Hoek HW, Kahn RS. Incidentie van schizofrenie bij autochtonen en allochtonen in Den Haag; Ned Tijdschr Geneeskd 2001a; 145(34):1647-51.

Selten JP, Veen, ND, Feller WG, Blom JD, Hoek HW, Kahn RS. Incidence of psychotic disorders in immigrants in the Netherlands; The British Journal of Psychiatry 2001b; 178:367-72.

Selten R, Copinga M. Wie komen er in de WAO? Voorburg: CBS, 2003; www.cbs.nl.

Shapiro F. Eye movement desensitization and reprocessing: basic principles, protocols and procedures. New York: Guilford Press, 2002; ISBN:1-57230-672-6.

Sidali S. Uitsluiting maakt ziek. PSY 2007;11(11): 23-4.

Smith PB. Predicting process difficulties in multicultural terms. In: Stumpf S & Thomas A (eds). Diversity and group effectiveness (pp. 356-67). Lengerich: Pabis Science Publishers, 2000.

Snel E. In de fuik. Turken en Marokkanen in de WAO. Utrecht: Verwey-Jonker Instituut, 2002.

Souren, M. Minder bedrijfsongevallen. CBS-webmagazine, 2006; www.cbs.nl.

Sowell Th. Ethnic America,. New York: Basic Books, 1981.

Sterckx L, Bouw C. Liefde op Maat. Partnerkeuze van Turkse en Marokkaanse jongeren. Amsterdam: het Spinhuis, 2005.

Sterman D. Een olijfboom op de ijsberg. Een trans-cultureel-psychiatrische visie op en behandeling van de problemen van jonge Noord-Afrikanen en hun families. Utrecht: Nederlands Centrum Buitenlanders, 1996.

Struijs AJ, Wennink HJ (red.). Allochtone cliënten en geestelijke gezondheidszorg. Zoetermeer: Raad voor de Volksgezondheid en Zorg, 2000.

Tillaart H van den, Olde Monnikhof M, Berg S van den, Warmerdam J. Nieuwe etnische groepen in Nederland. Een onderzoek onder vluchtelingen en statushouders uit Afghanistan, Ethiopië en Eritrea, Iran, Somalië en Vietnam. Nijmegen: ITS, 2000.

Tjin A Djie K. Beschermjassen: gevolgen van migratie en vlucht en inbedding in families. Systeemtherapie 2003;15(1).

Toft T, Fink P, Oernboel E, Christensen K, Frostholm L, Olesen F. Mental disorders in primary care: prevalence and co-morbidity among disorders. Results from the functional illness in primary care (FIP) study. Psychol Med 2005;35:1175-84.

Trinidad RB, Kamperman AM, Jong JTVM de. Verklaringsmodellen in de ggz: kenmerken van migranten en Nederlandse cliënten die volharden in een niet-psychologische betekenisgeving van hun klachten. Gedrag en Gezondheid 2005;33:57-71.

Uiters AH. Primary Health Care use among Ethnic Minorities in the Netherlands. Dissertatie. Rotterdam: Erasmus Universiteit, 2007.

Veling W, et al. Incidence of schizophrenia among ethnic minorities in the Netherlands: A four-year first-contact study. Schizophrenia Research 2006;86:189-93.

Veling W, Susser E, Os J van, Mackenbach JP, Selten JP, Hoek HW. Ethnic density of neighborhoods and incidence of psychotic disorders among immigrants. American Journal of Psychiatry 2008;165:66-73.

Veling W. Schizophrenia among ethnic minorities. Dissertatie. Rotterdam: Erasmus Universiteit, 2008.

Vellekoop J, Roumen FJME. Een vrouw uit Marokko met genitale tuberculose. Ned Tijdschr Geneeskd 2008;152(11):627-31.

Vendrig AA, Akkerveeken PF van, Sanders R. Goede resultaten van een multidisciplinair en gedragsmatig programma voor chronische rugpijn. Nederl Tijdschr Geneeskd 2000a;144(12):560-3.

Vendrig AA, Akkerveeken PF van. Werkhervattingsresultaten van multidisciplinair programma Rug AdviesCentrum. Tijdschrift voor Bedrijfs- en Verzekeringsgeneeskunde 2000;8(4):99-104.

Vendrig AA, Hoofs MH, Akkerveeken PF van, Lamberts-Hopkes KJ. Multidisciplinaire aanpak van chronische rugpijn: werkhervatting na 3-4 jaar hetzelfde als na 6 maanden. Ned Tijdschr Geneeskd 2000b;144(46):2207-9.

Verstraten K, Halen C van. Bruggen slaan: een Gelderse studie naar aansluiting tussen de vrijwillige jeugdzorg en allochtonen. Nijmegen: Radboud Universiteit, 2006.

Vertovec S. Conceiving and researching transnationalism. Ethnic and Racial Studies 1999;22(2):447-62.

Verweij GCC, Bierens JJLM. Aan verdrinking gerelateerde sterfte sterk teruggelopen. CBS Maandstatistiek van de bevolking 2002;50(12):9.

Vink I, Vendrig L. Migratie en re-integratie. Onderzoek naar resultaten van re-integratietrajecten allochtonen en autochtonen. ad-visie 2006;28:14-7.

Vluchtelingenwerk Nederland. Vluchtelingen in getallen 2004. www.vluchtelingenwerkapeldoorn.nl.

Vries M de. Ogen in je rug. Turkse meisjes en jonge vrouwen in Nederland. Alphen aan den Rijn: Samson, 1987.

Waal MWM de, Arnold IA, Eekhof JAH, Hemert AM van. Somatoforme stoornissen in de huisartspraktijk: prevalentie, functionele beperkingen en comorbiditeit met angst en depressie. Ned Tijdschr Geneeskd 2006;150:671-6.

Wansink W. Ziek, zwak, allochtoon? Elsevier d.d. 6 april 2002.

Wauters IMPMJ, Soesbergen RM van. Ziek door te weinig zonlicht: rachitis en osteomalacie. Ned Tijdschr Geneeskd 1999;143(12):593-7.

Wessely S, Nimnuan C, Sharpe M. Functional somatic syndromes: one or many? Lancet 1999;354:936-9.

Wicks S, Hjern A, Gunnell D, Lewis G, Dalman C. Social adversity in childhood and the risk of developing psychosis: A national cohort study. American Journal of Psychiatry 2005;162:1652-7.

Willigen LHM van, Hondius AJK, Ploeg HM van der. Health problems of refugees in the Netherlands. Tropical and Geographical Medicine 1995;47:118-24.

Wurff FB van der; Beekman ATF, Dijkshoorn H, Spijker JA, Smits CHM. Prevalence and risk-factors for depression in elderly Turkish and Moroccan migrants in the Netherlands. J Affective Disorders 2005;83:33-93.

Zee K van der, Oudenhoven JP van. Culturele diversiteit op het werk. Achtergronden en Interventies. Assen: Van Gorcum, 2006.

Zee KJ van der, Oudenhoven JP van. The multicultural personality questionnaire: Reliability and validity of self- and other ratings of multicultural effectiveness. Journal of Research in Personality 2001;35:278-88.

Zhou M. Immigrant Adaptation and native-born responses in the making of Americans; Special Issue. International Migration Review 1997;31(4):975-1008.

Zijlstra EE. Emigratie van artsen uit Afrika, in het bijzonder uit Malawi. Ned Tijdschr Geneeskd 2008;152(17):1015-8.

Definities en afkortingen

Definities

Allochtoon
Van andere grond (allos = ander; chtonos = aarde Gr.) Persoon van wie ten minste één ouder in het buitenland is geboren. Deze persoon woont in Nederland en is opgenomen in de Gemeentelijke Basisadministratie persoonsgegevens (GBA). Het is inmiddels een vervuild woord, dat de integratie van nieuwkomers niet ten goede komt. Steeds meer stemmen gaan op om dit woord niet meer te gebruiken. In deze uitgave wordt het woord 'allochtoon' uitsluitend gebruikt om eerdere publicaties aan te halen.

Autochtoon
Van dezelfde grond (autos = zelf; chtonos = aarde Gr.) Dit woord wordt gebruikt om de Nederlanders aan te duiden, die sinds generaties in Nederland wonen. Over het algemeen voelt men zich niet in negatieve zin aangesproken wanneer dit woord gebruikt wordt.

Competentie
Het geheel van kennis, vaardigheden en persoonlijke eigenschappen, dat nodig is om succesvol te worden in concrete werksituaties.

Cultuurdimensie
Een aspect van waaruit een cultuur kan worden vergeleken met een andere cultuur (Hofstede, 2002).

Immigratie
Een proces waarbij individuen of groepen van verschillende etnische achtergrond worden opgenomen in de dominante cultuur van een samenleving.

Migrant
Iemand migreert als hij naar een andere streek of land verhuist (woordenboek Van Dale).

Eerstegeneratiemigrant
Niet in Nederland geboren en getogen en als immigrant naar Nederland gekomen.

Tussengeneratiemigrant
Niet in Nederland geboren en gedeeltelijk in Nederland getogen; ten minste één ouder is niet in Nederland geboren.

Tweedegeneratiemigrant
In Nederland geboren en getogen; ten minste één ouder is niet in Nederland geboren.

Parentificatie
(Emotionele) overinvestering van een kind naar zijn ouders (Ref.: Bozormenyi-Nagy, gezinstherapeut).

Ubuntu
Uitgesproken als oe-BOEN-toe, is een ideologie uit het Afrika van beneden de Sahara die draait om toewijding en relaties tussen mensen onderling. Het woord komt voor in de Bantoetalen en wordt gezien als een traditioneel Afrikaans concept.
Er zijn veel vertalingen van 'ubuntu' mogelijk, waaronder:
– één zijn;
– menselijkheid jegens anderen;
– ik ben omdat wij zijn;
– menselijk worden door anderen.

Een veel gebruikte definitie van 'ubuntu' is 'het geloof in een universeel gedeeld verbond dat de gehele mensheid verbindt'.
Een langere definitie, zoals gebruikt door aartsbisschop Desmond Tutu (1999): 'Iemand met "ubuntu" staat open voor en is toegankelijk voor anderen, wijdt zich aan anderen, voelt zich niet bedreigd door het kunnen van anderen, omdat hij of zij genoeg zelfvertrouwen put uit de wetenschap dat hij of zij onderdeel is van een groter geheel en krimpt ineen wanneer anderen worden vernederd of wanneer anderen worden gemarteld of onderdrukt.'
Louw (1998) suggereert dat 'ubuntu' een individu definieert aan de hand van verschillende relaties tot anderen en benadrukt het belang

van 'ubuntu' als religieus concept, omdat – hoewel dit in de westerse samenleving geen religieuze connotaties kent – het in de Afrikaanse context suggereert dat de persoon die men wordt door zich menselijk te gedragen een voorouder is die het waard is te respecteren of te eren. Wie bij leven het principe van 'ubuntu' hoog houdt, zal in dood een verbondenheid bewerkstelligen met hen die nog steeds leven.

Vluchteling

Een vluchteling is iemand die uit gegronde vrees voor vervolging wegens ras, godsdienst, nationaliteit, het behoren tot een bepaalde sociale groep of zijn politieke overtuiging, zich buiten het land bevindt waarvan hij de nationaliteit bezit en die de bescherming van dat land niet kan, of uit hoofde van bovenbedoelde vrees, niet wil inroepen (Vluchtelingenverdrag van Genève, 1951). Een asielzoeker wordt een vluchteling op het moment dat er positief op de asielaanvraag is gereageerd (Vluchtelingenwerk, 2004).

Lijst van afkortingen

AWGB	Algemene Wet Gelijke Behandeling
BIG	beroepen in de individuele gezondheidszorg, Wet
CBS	Centraal Bureau voor Statistiek
CFD	Cultural Formulation of Diagnosis
CGB	Commissie Gelijke Behandeling
CWI	Centrum voor Werk en Inkomen
DBC	diagnosebehandelingcombinatie
DSM	Diagnostic and Statistical Manual of Mental Disorders
EER	Europese Economische Ruimte
EMDR	Eye Movement Desensitization and Reprocessing
FML	Functionele Mogelijkheden Lijst
ggz	geestelijke gezondheidszorg
HP	high potential (medewerker)
ICD	International Classification of Diseases
IND	Immigratie- en Naturalisatiedienst
LBR	Landelijk Bureau ter bestrijding van Rassendiscriminatie (nu Artikel 1)
ROC	regionaal opleidingscentrum
RWI	Raad voor Werk en Inkomen
SCP	Sociaal en Cultureel Planbureau
SZW	Sociale Zaken en Werkgelegenheid, ministerie
TVcN	Tolk en Vertaalcentrum Nederland

UWV Uitvoeringsinstituut Werknemersverzekeringen
WHO Wereldgezondheidsorganisatie

Samenvattingen

Arabisch

"تحديد القدرة الذاتية على التحمل للأشخاص ذوي الثقافات المتعددة تزداد اهمية في المستقبل"

يزداد الإهتمام بالجوانب الثقافية و العرقية للعمال من أصول غير هولندية، بسبب الزيادة الملحوظة للعمال من أصول غير هولندية سوف يزداد الأهتمام بالجوانب الثقافية والعرقية بكل ما يخص جوانب العمل لهذه الفئة من العمال، حتى فيما يتعلق بمساعدة واعادة تأهيل العمال المرضى للعودة لممارسة عملهم، تشكل الجوانب الثقافية والعرقية اهمية كبيرة.

كما يزداد باستمرار اهتمام المتخصصين بالمجالات الصحية والطبية بالجوانب العرقية والثقافية لهذه الفئة من العمال خاصة بما يتعلق بالمساعدة والاستشارات، فالجوانب العرقية والثقافية تجعل(تحديد القدرة الذاتية على التحمل) لهذه الفئة من العمال اكثر تعقيدا.

في البداية وعند(تحديد القدرة الذاتية على التحمل) يتم التركيز على الشخص في محيطه الجديد، فعملية الهجرة والاحتكاك بين الثقافات المتعددة لها تأثير كبير على نمط ونوعية الاتقان الوظيفي بصورة عامة.

في هذا الكتيب(المنشور) يتم تسليط الضوء على وصف عمليات الهجرة والتطورات الديمقراطية في المجتمع الهولندي.

فانهاء المستعمرات، العمالة الوافدة، هجرة العقول والتنقل المستمر كلها عوامل لوئت بلادنا ومن ثم اثرت على نوعية الخطاب في غرفة الاستشارة بين الطبيب والمريض.

وضعية عمل العمال المهاجرين سواء كمجموعة او افراد تختلف عن تلك للعمال الهولنديين وتعتمد بشكل جزئي على الاصل والافق المستقبلية المتاحة، ففيما يخص الحالة الصحية للعمال المهاجرين يلاحظ وجود تراجع، تقصير مقارنة بالوضع الصحي لمتوسط العمال الهولنديين.

فالعناية الصحية المتاحة حاليا لا تتناسب بشكل كاف مع توقعات ورغبات والمشاكل الخاصة للعمال المهاجرين "مثل التعب الجسدي الناتج عن صدمة،الكأبة،الانتحار ،والانفصام في الشخصية.

فهذه الاعراض تحدد المقدرة على فهم(تحديد المقدرة الذاتية للتحمل) للعمال المهاجرين الذين يرون انفسهم متعطلين، متأخرين بسبب حياتهم المعيشية.

السؤال المطروح في المرتبة الاولى على المختصين هو توحيد قياس(تحديد المقدرة الذاتية للتحمل) للعمال المهاجرين لكي يتمكنوا من المشاركة في العمل، لكن لكي يتم الوصول الى هذه المرحلة يحتاج المتخصصون الى المزيد من المعلومات والمعرفة بما يخص تعدد الجوانب العرقية والثقافية لهذه الفئة من العمال.

"تحديد القدرة الذاتية للتحمل) هي ليست فقط عملية طبية بحتة وانما في الواقع هي عملية متعددة الاطراف والتخصصات، فهي تشكل تحدياً كبيرا للمتخصصين بما فيهم هؤلاً المتحدرين من اصول غير هولندية.

فعندما تكون طبيعة الجلسات متعددة الاطراف والثقافات فتكون عملية الاتصال والتواصل بين المتخصصين والزبائن، المرضى اكثر فعالية، فكلاهما عنده الحق في مجتمع متعدد الثقافات والذي يخدم في النهاية مصالح المجتمع.

Frans

'Le défi d'un travail multiculturel croissant aux Pays-Bas:
le but de cet ouvrage est de permettre aux professionnels et aux employeurs d'accéder aux données importantes sur les caractéristiques du processus de migration et des changements démographiques qui ont lieu aux Pays-Bas. L'objectif de cet ouvrage est de mieux informer les professionnels et les employeurs afin de prendre en charge les problèmes d'inadaptation chez les employés migrants. Aujourd'hui, 15% des travailleurs aux Pays-Bas sont des migrants. Leur bagage culturel et leurs expériences de migrants aux Pays-Bas ont une influence certaine sur la société néerlandaise. De plus la société néerlandaise connaît une période de grands changements au niveau de la nature du travail, en particulier l'adoption du travail fondé sur la connaissance.

Gérer la productivité dans le travail multiculturel en pleine croissance:
aux Pays-Bas, le nombre croissant de main-d'oeuvre migrante a engendré l'importance de la diversité culturelle dans les lieux de travail a des implications sur la prévention des accidents du travail et sur la prise en charge de la réintégration des employés en congé d'invalidité. Les employeurs vont devoir s'habituer à prendre en considération le bagage culturel des employés d'origine culturelle diverse et à l'intégrer dans le contexte, dans dans les objectifs et dans la culture de leurs organisations. Les employeurs prennent déjà conscience que l'origine culturelle influence les conceptions et les perceptions de la maladie, de la douleur et de l'incapacité. Ils vont savoir, par expérience, que les employés d'origines diverses vivent la maladie de manière différente et qu'ils réagissent différemment à leur incapacité et à la manière de recouvrer la santé.

Adopter une perspective interculturelle et acquérir des capacités professionnelles adéquates :
de plus le suivi des employés absentéistes et non-productifs doit être considéré et engagé dans un contexte interculturel en vue de l'efficacité des programmes des employeurs et de leurs actions. L'intégration des professionnels compétents dans les matières dynamiques interculturelles peut mener à de meilleurs résultats pour les employeurs et pour les employés concernés. Les professionnels formés dans des disciplines variées comme la psychologie la psychiatrie et l'assistance sociale, possèdent l'expérience du suivi et du conseil interculturel auprès des employeurs quant aux aspects critiques des programmes d'intervention en matière de la reprise du travail.

A titre d'exemple, des professionels familiarisés avec les perceptions culturelles et les expériences des migrants peuvent aider les employeurs à vaincre les difficultés dans l'évaluation de la post-réhabilitation ou au niveau des attentes et des buts à atteindre après la période d'incapacité.

Intervenir avec efficacité sur les différentes expériences avec efficacité: l'expérience des travailleurs migrants inactifs et en particulier leur capacité à s'adapter à leur futur projet en matière d'emploi va être différente de l'expérience et des résultats enregistrés par les employés autochtones confrontés aux mêmes défis. La situation des individus sera toujours différente et dépendra de leurs origines et de leur expérience individuelle primaire. Cependant, l'état de santé des migrants est plus souvent défaillant comparé à la moyenne des personnes de souche néerlandaise. Le système de santé actuel ne répond pas toujours aux attentes des migrants et ne satisfait pas leurs problèmes spécifiques. Beaucoup de migrants, en particulier les refugiés, sont traumatisés et souvent dépressifs et peuvent présenter des états psychotiques et suicidaires.

Cette situation influence la perception par le client et par l'employeur de la capacité à travailler du migrant et il est possible que ce dernier se considère prédestiné à endurer les conditions d'une vie plus difficile au lieu de penser qu'en fait, il peut être possible de se rétablir avec un support et une aide appropriés.

La responsabilité du professionel consiste en premier lieu à normaliser la capacité des migrants à accepter et à assumer la responsabilité de leur rétablissement et du retour au travail de façon qu'ils puissent continuer à participer au travail malgré leurs problèmes. Cependant, déterminer si un employé est apte au travail n'est pas seulement fondé sur des données médicales mais demande de prendre d'autres facteurs en considération. Evaluation et traitement sont donc logiquement interdisciplinaires. Pour mesurer efficacement la capacité à travailler du migrant, le professionnel a besoin d'une connaissance interculturelle suffisante. L'évaluation interculturelle de la capacité à travailler est un défi pour beaucoup de professionnels, parmi lesquels se trouvent de plus en plus de migrants.

Répondre aux besoins des migrants de façon efficace est bénéfique pour les affaires :

dans un environnement interculturel et interdisciplinaire, une bonne communication entre les professionnels et leurs clients augmente le résultat de l'entreprise, ce qui est profitable aux employés. Le processus de réintégration au travail va devenir plus efficace et plus effectif parce que personnalisé, ce qui est bénéfique aussi bien pour le client que pour l'employeur. De plus, les travailleurs et les professionnels ont droit à des résultats meilleurs et efficaces. Les Pays-Bas vont rester dans les années à venir un environnement où l'on fera de plus en plus appel à des travailleurs formés et les migrants vont constituer une grande partie de la société néerlandaise. Répondre efficacement aux besoins des migrants n'est pas seulement un droit : c'est également nécessaire dans une société moderne, interculturelle et économiquement compétitive.'

Papiaments

Papiaments wordt gesproken op de Antillen en is de moedertaal van de inwoners van Aruba, Bonaire en Curaçao. Op Sint Maarten, Saba en Sint Eustatius wordt Engels gesproken.
Papiaments is opgebouwd uit het Portugees, Spaans, Nederlands, Engels en Afrikaanse talen. Tot 2007 was het Nederlands de enige officiële taal op de Nederlandse Antillen. De roep om meer erkenning van het Papiaments kwam na de rellen van 30 mei 1969: een staking van meest Creoolse arbeiders op Curaçao leidde tot vernielingen van huizen van de blanke inheemse elite. Meer aandacht voor het Papiaments wordt gezien als een mogelijkheid tot emancipatie van de arbeidersklasse. In 1998 (!) werd het Papiaments ingevoerd als vak op de Nederlandse middelbare scholen en in 2001 in het basisonderwijs.

Determinashon di impakto laboral interkultural
Determinashon di impakto laboral interkultural ta birando mas i mas importante. Aspektonan interkultural laboral lo pidi mas atenshon dor di e kantidat di trahadó stranhero ku ta oumentando. Tambe pa ku guiansa di trahadónan ku ta falta trabou, interkulturalidat lo ta un punto di atenshon hopi importante. Profeshonalnan di vários disiplina lo ta frekuentemente envolví ku guiansa i dunamentu di konseho den konteksto interkultural.
E dimenshon èkstra aki tin bes ta kompliká e determinashon di impakto laboral interkultural.
E individuo den su ambiente nobo lo ta punto di salida p'e determinashon di impakto laboral interkultural. Imigrashon i akulturashon ta di influensia riba funshonamentu di e stranhero den sentido amplio. Den e eksposishon aki prosesonan di migrashon ta keda deskribí igual ku e desaroyo demográfiko den e sosiedat hulandes. Dekolonisashon, trahadó estranhero i kreashon di migrantenan ku sierto nivel di konosementu i esnan ku ta traha entre nos pais i nan tera, ta duna nos pais koló i asina tambe sala di konsulta.
E situashon di trabou di stranheronan ta tantu komo grupo i komo

individuo diferente dje trahadónan lokal i parsialmente dependiente di nan orígen i nan perspektiva pa ku futuro.

Nan salú hopi bes ta laga mas di deseá, ku serka e promedio hulandes yu di tera. E salubridat aktual no ta kuadra sufisientemente ku e ekspektativa dje stranheronan ni ku nan problemanan spesífiko manera; trouma kousá pa síntoma ineksplikabel, depreshon, suisidio i skisofrenia. Esaki ta yuda determiná tambe e persepshon dje determinashon di impakto laboral interkultural serka klientenan stranhero, ku ta mira nan mes hopi biaha konfrontá ku un situashon di bida mas difísil. E kuestion p'e profeshonal na promé instansia ta pa normalisá e preshon di stranheronan, asina ku nan por partisipá mas tantu ku ta posibel na e proseso laboral. Pa por logra esaki e profeshonal mester di mas konosementu di interkulturalidat.

Determinashon di impakto laboral interkultural sinembargo no ta eksklusivamente un kaso médiko, pero un asuntu interdisiplinario. Determinashon di impakto laboral interkultural ta un reto pa hopi profeshonal, ku entretantu mas i mas mes tambe ta stranhero. Den un setting interkultural i interdisiplinario e komunikashon entre profeshonal i kliente ta bira mas efektivo. Kliente i profeshonal tur dos tin derecho ariba dje i lo kumbiní konvivensia interkultural.

Tradusí pa: Magriet Hunte-Pourier

Turks

Özet

Çalisanlarin kültürlerine dayali olarak dayanbilirlik durumlarinin belirlenmesi, gelecekte daha da önem kazanacaktir.

Bu konu, çalisma hayatinda çesitli kültürlere mensup göçmen çalisanlar sayilarinin giderek artmasi dolayisiyla daha çok ilgi çekmektedir. Bir baska önemli ilgi konusu ise, is birakan çalisanlarin rehberligi sürecinde ki kültürel unsurlardir. Pek çok disiplinlerden gelen profesyoneller kültürel unsurlarin rehberlik ve tavsiyelerine düzenli olarak ilgili olacaklardir. Bazen bu ekstra kültürel unsur, çalisanlarin dayanabilirliklerinin tespiti konusunu daha da karmasiklastirmaktadir. Bireyin yeni çevresi dayanabilirliginin tespitinde çikis noktasi olarak alinacaktir. Göçmenin isini yapmasinda göçmenligin ve baska kültürlülügün etkisi olacaktir. Bu bölümde Hollanda sosyal yasamin da ki göçmenlik yapilanmalari ile nüfus gelisimi degerlendirilmektedir. Sömürgeler, misafir isçilik ve göçmenlik ile tanismak döngüsü ülkemizin renkleri hatta yaklasimlarimizdir.

Göçmenlerin isdurumlari gerek grup, gerekse bireysel olarak yerli çalisanlarinkinden farklilik göstermektedir. Bir kisminin ise bu durum geldikleri köken ve gelecekte ulasmak istedikleri hedeflerine baglidir. Saglik durumlari ise siklikla dileklerine bagli olmaktadir, ortalama yerli Hollandalilararinkine kiyasla. Mevcut saglik hizmetleri göçmenlerin beklentilerini ve özel bazi sikintilarini herzaman yeterince karsilayamamaktadir: travmalardan kaynaklanan agri sikayetleri, depresyon, intihar ve sizofreni. Bu sikintilar göçmen hastalarin dayanabilirliklerinin tesbiti konusunda ki kendi bakis açilarini belirliyor. Kendilerini daha zor hayat kosullari içerisinde görmektedirler. Çalisanlarin çalisma sureçlerine mümkün oldugu kadar katilabilmelerini saglayabilmek için profosyenellerin ilk önce yapmalari gereken sey, göçmen çalisanlarin ise dayanabilirlik durumlarinin normallestirilmesidir. Profesyonellerin bu hedefe ulasabilmeleri için ise çok kültürlülük konusunda daha çok bilgiye/tanisikliga ihtiyaçlari vardir.

Ise dayanabilirlik konusu esasta tip ile iliskilendirilecek bir konu olmayip, disiplinler arasi durumdur. Kültüre dayali ise dayanabilirlik konusu pek çok profesyoneller için kendilerini ispat etmek bakimindan büyük bir imkan olarak görülmelidir. Üstelik bu profesyonellerin çogunu da gittikçe daha çok göçmenler teskil ediyor. Kültürler ve disiplinler arasi yapi içerisinde, danismanla danisan arasindaki iletisim de daha etkili olabilmektedir. Böyle bir süreç her iki tarafinda hakki olup, çok kültürlü toplumsal yasam açisindan da en geçerli yapinin bu olacagi açiktir.

Interculturele autobiografie

Mijn vader was 18 jaar toen de Tweede Wereldoorlog uitbrak en in plaats van het studentenleven ging hij in het Verzet. Mijn moeder werkte als 'verpleegster' tot hun huwelijk toen zij ontslag *moest* nemen, zoals in de jaren vijftig verplicht was voor vrouwen. Mijn wieg stond in Utrecht maar niet voor lang, omdat mijn vader in Leiden ging werken, waar ik ben opgegroeid. Ik heb goede herinneringen aan die jaren en ga nog steeds graag 'Terug naar Oegstgeest'. Verhuizing naar het zuiden des lands bracht mijn eerste ervaring als de Ander, gezien opmerkingen van schoolkinderen, dat wij 'zo deftig' zouden praten. Onze gezinscultuur zou ik willen omschrijven als patriarchaal en postkatholiek. Als oudste van vijf kinderen was ik verantwoordelijk voor de anderen. Van mijn vader heb ik het arbeidsethos en van mijn moeder de liefde voor de mens in moeilijkheden en in het verlengde hiervan de literatuur. Al vroeg ontstond de wens om de wereld te zien en in een ander land te wonen. Geen vreemd idee: een zus en een broer van mijn moeder waren in de jaren vijftig geëmigreerd.

Mijn ervaringen als de Ander zijn wisselend: was ik in Californië de 'lady from Holland', in Parijs wordt je al bij de bakker op de hoek van de straat duidelijk gemaakt dat je de Ander bent. Op mijn 21e heb ik mijn echtgenoot ontmoet. Hij is afkomstig uit Algerije en studeerde ook psychologie. In de jaren tachtig hebben we in Algerije gewerkt, waar ik 'Rumia' (Romeinse) werd genoemd. Westerse vrouwen worden zo genoemd, hetgeen teruggaat naar de tijd van het Romeinse keizerrijk. De naam 'Rumia' ervaar ik niet als pejoratief en wegens de kolonisatie is de levenswijze van westerse vrouwen geaccepteerd als anders dan van Algerijnse vrouwen. Het is een bijzondere ervaring om met mensen te communiceren in een voor mij aanvankelijk volstrekt andere taal. Het leven van een Nederlandse gastarbeider in Algerije is ongetwijfeld aangenamer dan voor een Algerijnse gastarbeider in Nederland.

In verband met de politieke ontwikkelingen zijn we in 1990 naar

Nederland verhuisd. Onze twee kinderen – inmiddels student – hebben het voordeel in twee culturen te zijn opgegroeid.

Voel ik me als een vis in *zoet* en in *zout* water? Ik ben een klein beetje zalm geworden, Anders gezegd, vanbinnen ben ik minder wit dan vanbuiten.

GPSR Compliance

The European Union's (EU) General Product Safety Regulation (GPSR) is a set of rules that requires consumer products to be safe and our obligations to ensure this.

If you have any concerns about our products, you can contact us on

ProductSafety@springernature.com

In case Publisher is established outside the EU, the EU authorized representative is:

Springer Nature Customer Service Center GmbH
Europaplatz 3
69115 Heidelberg, Germany